살짜쿵 활쏘기

살짜쿵 활쏘기

초판 1쇄 발행 2026년 1월 22일

지은이 김경준
펴낸이 강수걸
편집 이혜정 강나래 오해은 이선화 이소영
디자인 권문경 조은비
펴낸곳 산지니
등록 2005년 2월 7일 제333-3370000251002005000001호
주소 부산시 해운대구 수영강변대로 140 BCC 626호
전화 051-504-7070 | 팩스 051-507-7543
홈페이지 www.sanzinibook.com
전자우편 sanzini@sanzinibook.com
블로그 sanzinibook.tistory.com

ISBN   979-11-6861-558-8 03690

살짜쿵

활쏘기

김경준 지음

어릴 적 꿈을 건 활시위
취미를 넘어
나를 수련하는 길이 되다

산지니

프롤로그

한 소년의 꿈

어린 시절 유달리 여리고 연약했던 나는 영화나 드라마 속 영웅들을 동경해왔다. 나와는 달리 강하고, 담대하고, 호방한 영웅들의 모습을 보면서, 나도 저런 모습이면 얼마나 좋을까 끊임없이 상상의 나래를 펼쳤던 것이다.

초등학생 때는 장안의 화제였던 〈야인시대〉를 보고 피가 끓어오른 나머지 엄마 손 붙잡고 달려가 태권도장에 등록했고, 중학생 때는 우연히 케이블 TV에서 방영하던 성룡의 〈취권〉을 보고 고전 쿵푸에 빠져들었다. 그때부터 태극권, 홍가권, 영춘권, 형의권 등 별의별 중국권법을 연마했다.

활쏘기에 대한 로망 역시 중학생 시절 〈불멸의 이순신〉, 〈주몽〉을 보면서 품기 시작했다. 적선의 왜군을 화살로 제압하는 이순신, 두 눈을 안대로 가리고 쏘면서도 과녁 정중앙에 백발백중 화살을 꽂는 주몽. 어린 나는 사극 속 영웅들의 모습을 보면서 가슴이 뛰었다. 이순신처럼, 주몽처럼 되고 싶었던 한 소년에게 활쏘기는 영웅이 되기 위해 반드시 익혀야만 하는 필수 소양처럼 받아들여졌다.

우여곡절 끝에 서른 넘어 본격적으로 활을 잡기 시작했을 때, 나는 비로소 내가 꿈꾸던 영웅의 모습에 한 발짝 다가선 것 같아 가슴이 벅차올랐다. 활을 잡을 때마다 가슴속에서 무엇이든 할 수 있을 것만 같은 호연지기가 솟아오르는 나 자신을 발견했다. 그러한 감정은 활을 잡은 지 4년 차가 된 지금도 변함없다. 활터에 오를 때마다 나는 영웅이 된다. 그래서 나에게 활쏘기란 영웅이 되고 싶었던 한 소년의 꿈이다.

실제로 활쏘기를 배워보니 이렇게 매력적인 운동도 없는 것 같다. 활시위를 가득 당긴 뒤 놓을 때 나는 소리와 느낌, 발시 직후 포물선을 그리면서 날아가는 화살의 모습, 마침내 과녁에 맞았을 때 '텅' 하며 경쾌하게 들려오는 관중음과 관중을 알리는 불빛까지. 모든 과정이 경이롭기만 하다. 그래서 나는 단 한 순간도 지루함을 느낀

적이 없다.

이 책은 딱딱한 국궁 교본도 어려운 이론서도 아니다. 국궁에 대한 심오한 비전(祕傳) 같은 걸 제시하는 것도 아니다. 애초에 나는 그런 비전을 터득하지도 못했을뿐더러, 활쏘기에 있어서는 이제 막 걸음마를 뗀 초보 중의 초보에 지나지 않는다. 이 책은 그저 어린 시절의 꿈이었던 활쏘기를 배우며, 활과 사랑에 빠진 활친자(활에 미친 자)가 활쏘기에 보내는 한 편의 연서(戀書)에 가깝다.

이제부터 펼쳐질 이야기들은 활을 배우며 느꼈던 지극히 개인적인 감정과 경험들이다. 그러한 감정과 경험들이 이제 막 걸음마를 뗀 초보 궁사(신사)들에게는 위로와 격려를, 활쏘기에 관심은 있지만 다양한 이유로 배움을 망설이는 이들에게는 용기를 주었으면 하는 바람이다.

그럼, 지금부터 활 배우겠습니다!

차례

1장

활을 만나다

활과는 영 인연이 없는 줄로만 알았다

나는 어릴 적부터 사극을 즐겨 보았다. 자연스레 역사에 흥미를 느꼈고, 나중에 훌륭한 역사학자가 되겠다는 꿈까지 키웠다. 그러나 내가 흥미를 느낀 것은 단순히 역사만이 아니었다. 나의 눈길을 끈 것은 다름 아닌 사극 속 영웅들이 들고 있던 '활'이었다. 한 번 활을 쏘면 백발백중. 웅장한 배경 음악과 함께 거꾸러지는 적들을 볼 때마다 쾌감을 느꼈다. 그래서 내 꿈은 역사학자 이전에 '궁수'였다.

그때가 중학교 1학년이었다. 너무나도 활을 쏘고팠지만 당장 어디서 활과 화살을 구해야 할지도 몰랐다. 그러다 동네 문방구에서 본 플라스틱 장난감 활이 생각났다. 초등학생들이나 가지고 놀 법한 장난감 활 말이다. 그거라도 사서 가지고 놀아야겠다며 사 들고 나오던 길, 하필이면 같은 반 친구와 마주쳤다. 내 손에 든 장난감 활을 보며 "그게 뭐냐"고 묻는 친구에게, 민망했던 나는 차마 "내가 가지고 놀려고 샀다"고 말할 수 없었다. "사촌동생 선물로 주려고"라는 거짓말과 함께 품에 안고서 도망치듯 집으로 왔던 기억이 생생하다.

제대로 된 활쏘기를 해보고픈 소년에게 장난감 활이 가당키나 할까. 그래서 정식으로 국궁을 배우고픈 마음도 굴뚝같았다. 하지만 내성적인 성격이 발목을 잡았다. 어릴 적의 나는 그토록 배우고 싶었던 태권도도 도장에 가는 게 겁나서 한참을 고민하고 망설이다 엄마 손을 붙잡고 갔을 정도로 숫기가 없었다.

활터(국궁장)는 숫기 없는 내게 범접하기 어려운 공간이었다. 지금이야 인터넷이 발달하여 정보도 많고 활터들도 상당히 개방된 분위기이지만, 나 어릴 적만 하더라도 활터라는 곳은 미지의 세계였다. 인터넷 서핑을 해봐도 구체적인 정보를 얻기 어려웠다. 도심 한복판에 자리하여 접근하기 쉬운 헬스장이나 태권도장, 복싱 체육관 등과 달리 활터는 대부분 산자락에 위치하고 있다

보니 우선 접근성이 떨어졌다. 또 수익을 내기 위한 일반 사업장이 아니라 동호회 방식으로 운영되는 곳이라 적극적으로 영업을 하거나 홍보를 하는 분위기도 아니었다. 더군다나 인터넷에 떠도는 활터 사진들을 보면 젊은 사람들은 거의 없고, 나이 지긋한 어르신들이 활을 당기는 모습만 보였다. 그러니 문을 두드리기 겁났던 것이다.

그렇게 오랜 시간 그저 버킷리스트로만 간직해 오다, 20대가 돼서야 비로소 활과 첫 인연을 맺었다. 대학교 3학년이던 2013년 봄 무렵이었다. 우연히 서울의 '황학정(黃鶴亭)'이라는 활터에서 국궁교실 수강생을 모집한다는 소식을 접했다. 수강료도 저렴하고, 국궁을 처음 접하는 주민들을 대상으로 하는 집체 프로그램이니 부담 없이 도전해 볼 수 있겠다는 생각에 한달음에 달려가 등록했다.

교육은 총 13주에 걸쳐 진행됐다. 이때까지만 해도 나는 근자감(근거 없는 자신감)에 빠져 있었다. 활을 잡기만 하면 주몽이나 이성계처럼 될 수 있을 거라는. 환상은 얼마 가지 않아 깨졌다. 생각했던 것보다 쉽지 않았던 것이다. 쉽지 않다고 느낀 건, 내가 정말 몸치였기 때문이다(!). 활쏘기가 엄청난 유연성이나 체력을 필요로 하는 운동은 아니지만, 활의 강한 장력을 버텨야 하기 때문에 어느 정도 근력은 갖춰야 했다. 그런데 그 근력이란, 단순히 팔 힘이 아니라 발끝에서부터 끌어올려 쓰는 힘, 그야말로 '전신력'을 쓸 줄 알아야 했다. 하지만 몸치였던 나는 그저 팔 힘에만 의존했고, 가뜩이나 상체 근력이 부족했던지라 장력이 약한 활을 당기면서도 부들부들 떨었다.

꽤 오랜 시간 중국무술을 수련하며 몸 쓰는 법을 터득했다 생각했지만 한 번 몸치는 영원한 몸치였나 보다. 정규수업 시간 외에도 틈틈이 활터에 가서 빈 활을 당기며 나머지 공부를 했지만 영 힘이 늘지를 않았다. 오죽하면 "젊은 사람이 왜 이리 힘을 못 써?" 하며 사범님으로부터 핀잔까지 들을 정도였다.

그렇게 교육을 마치고 처음으로 145m 사대(활을 쏘는 자리)에 서는 날. 그래도 그동안 열심히 수련했는데 한 발 정도는 맞히겠지… 하는 기대는 금세 무너지고 말았다. 너무 오래전의 기억이라 가물가물하지만, 그때 내가 쏘아 보낸 화살들은 과녁 근처에도 못 갔던 것으로 기억한다.

그래서였을까? 첫 습사(활쏘기 연습)는 내게 즐겁고 흥미로운 경험이 아니라 우울과 좌절만 느끼게 해준 경험으로 장식됐다. 그래서 나는 점점 활쏘기에 흥미를 잃어갔던 것 같다. 게다가 얼마 지나지 않아 군 입대를 하게 되면서 활 공부를 이어갈 기회도 사라졌다.

그러나 마음 한구석에 늘 활쏘기에 대한 로망은 남아 있었다. 다만 꾸준한 배움으로 이어지지는 못했다. 전역 후 잠시 서울의 한 대학교 국궁동아리에서 진행하는 국궁 특강을 청강한 적도 있었지만, 몇 번 수업만 듣다가 흐지부지됐다. 그래도 매년 갱신하는 버킷리스트에 '국궁 배우기'는 빠짐없이 들어갔다. 2019년 1월의 어느 날에는 새해 목표로 활쏘기를 다시 시작하겠노라 SNS에 선언한 적도 있다.

그러나 새해 목표로 세운 다이어트는 늘 작심삼일로 끝나는 법이듯, 결국 그해에도 목표를 이루지 못했다. 졸업 후 직장 생활을 하며, 당시 이미 형의권(形意拳)이라는 중국무술을 배우고 있던 내게, 국궁이라는 새로운 취미를 시작하기엔 시간적 여유도, 금전적 여유도 없었다.

그렇게 다시 3년이라는 시간이 흘렀다. 2022년 말, 또 한 번 내 마음이 동하는 계기가 찾아왔다. 바람이나 쐴 겸, 태조 이성계가 잠든 구리의 건원릉과 태조의 어진을 모신 전주 경기전에 다녀왔다가 활을 잡고 싶어졌다. 불세출의 신궁(神弓)으로 알려진 이성계의 위용(威容)을 생각하니 갑자기 가슴 한 편에 묻어두었던 오랜 로망이 불꽃같이 피어나기 시작한 것이다.

나는 우선 쉬는 동안 약해진 팔의 힘이나 기를 용도로 국궁용품점에서 '힘 기르기용 고무줄'을 구입했다. 그리고 방 안에서 혼자 고무줄을 당기는 연습부터 시작했다. 그런데 인스타그램에 올린 고무줄 사진을 본 서울의 한 실내 국궁 수련 단체에서 "마침 국궁 수업 수강생을 모집하고 있으니 등록해 보는 게 어떻겠냐"고 DM을 보내왔다. 좋은 기회다 싶어 바로 등록했다. 그렇게 서른 즈음에 나는 다시 활을 잡았다.

여러모로 때가 맞았다는 생각이 들었다. 당시 퇴사 후 풀타임 인문대 대학원생의 삶을 살고 있던 나는 직장을 다닐 때보다는 상대적으로 시간적 여유가 있었다. 더군다나 석사과정 수료 직후라 학점을 이미 다 채워 들을 수업도 없는 상황이었다. 도심에 위치한 실내국궁장이라는 특성상 활터처럼 접근성이 떨어지는 것도 아니고, 함께 수업을 듣는 수강생들도 또래였다. 그래서인지 부담 없이 다시 활을 잡을 수 있었다.

오랜 시간을 방황했기 때문인지, 어렵게 다시 찾아온 기회를 다시는 걷어차지 않겠다는 생각으로 활쏘기 수련에 더 몰두했다. 늦게 배운 도둑질이 무섭다고 했던가. 가끔은 '내가 왜 그때 포기했을까' 후회할 정도로 '활친자(활에 미친 자)'의 삶을 살고 있다.

초반에는 부상으로 인한 고생도 많았다. 화살깃이 엄지손가락을 치고 나가는 나쁜 버릇 때문에, 줌통(활의 가운데를 감싼 부분으로 손으로 쥐는 부분)을 잡은 줌손(줌통을 잡고 있는 손)의 엄지손가락이 터져나가기 일쑤였다. 피물집이 잡혀도, 손에 매일 연고를 바르고 대일밴드를 붙이면서 그냥 쐈다. 계속 쐈다. 너무 재밌으니까.

지금은 활쏘기가 세상 그 어떤 취미활동보다 즐겁다고 자부한다. 오랜 시간 무술을 수련했던 나는 그전까지 검술과 봉술 등 다양한 무기를 휘두르는 것을 유일한 재미로 알았다. 그러나 역시 과녁에 대고 화살을 팡팡 쏴서 맞출 때의 쾌감과 손맛은 이루 말할 수가 없다.

쏜다고 다 관중(貫中)하는 것도 아니기 때문에 계속해서 관중하기 위해 노력하는 재미도 있다. 정확한 자세와 타이밍, 조준점 그리고 고도의 집중력이 일치했을 때 비로소 화살이 과녁의 중앙을 꿰뚫는다. 그런데 그게 항상 가능한 거라면 너도나도 주몽이고 이성계가 됐을 것이다. 계속해서 그 편차를 줄여나가기 위해 노력하는 과정 또한 활을 배우는 재미가 아닌가 한다.

처음엔 내가 활과는 영 인연이 없는 줄로만 알았다. 하지만 지금 생각해 보니 그저 때를 만나지 못했을 뿐이었다. 물론 그 때라는 것은 그냥 찾아오지 않는다. 언젠가는 꼭 활을 배우겠노라 간절히 바란 결과, 그때가 불쑥 찾아온 것이다. 그래서 '중요한 건 꺾이지 않는 마음(중꺾마)'이라고 했던가.

지금도 나는 매년 버킷리스트를 점검하고 갱신한다. 활쏘기처럼, 이루고자 하는 바를 늘 마음에 간직하며 살아가다 보면, 언젠가 그것을 이룰 수 있는 때가 반드시 찾아올 거라고, 그렇게 믿으며 살아가고 있다. 그러니 이 책을 읽는 여러분도 중꺾마를 실천하시길!

드라마가 바꾼 삶

대학원에서 함께 공부하는 교수님, 선후배들과 술자리에서 있었던 일화다. 누가 사학과 학생들 아니랄까 봐, 각자 돌아가며 역사를 공부하기로 마음먹은 계기를 소개하는 시간을 가졌다.

"어릴 때 아버지가 보던 〈불멸의 이순신〉을 따라 보다가…."

"저도 〈불멸의 이순신〉을 보고…."

2004~2005년 장안의 화제였던 KBS 대하드라마 〈불멸의 이순신〉의 영향력을 새삼 실감하는 순간이었다. 드라마 한 편이 이리 많은 사람의 인생을 바꿔놓다니. 곧이어 내 차례가 왔다.

"〈불멸의 이순신〉이 여러 사람의 미래를 바꿨네요. 실은 저도…."

나의 대답에 다들 빵 터졌다. 농담이 아니라 역사에 진지하게 관심을 갖게 된 건, 중학생 때 봤던 〈불멸의 이순신〉 때문이었다. 사극은 나이 지긋한 아재들이나 보는, 고루하고 딱딱한 드라마라는 편견을 갖고 있던 내게 〈불멸의 이순신〉은 사극이란 장르가 얼마나 재밌고 감동적일 수 있는지 일깨워 주었다.

나라를 구한 이순신 장군의 일대기에 큰 감동을 받은 것이다. 무엇보다 흠결 하나 없는 영웅의 서사가 아니라 겁 많고 나약했던 소년 이순신이 온갖 역경을 극복하며 영웅으로 성장해 가는 묘사가 특히 깊은 인상을 남겼다(물론 이는 실제 역사와는 다른, 드라마적 허구에 가깝지만 말이다).

당시의 나 역시 현실에서는 겁 많고 소심한 소년이었기에, 이순신 장군에 대한 동경이 자연스레 역사 속 영웅들에 대한 동경으로, 역사에 대한 관심으로 확장되어 갔다. 그렇게 우리 역사 속의 위인들을 연구하는 역사학자가 되고 싶다는 꿈을 중학생 때 처음 품었다.

드라마 〈불멸의 이순신〉이 바꿔놓은 것은 나의 진로만이 아니었다. 활쏘기에 대해 당시 갖고 있던 내 편견도 완전히 깨버렸다. 사실 그 전까지만 해도 나는 활을 비겁한 무기라고 생각했다. 대신 적과 가까이 붙어서 멋지게 승부를 겨룰 수 있는 칼(검)이야말로 진정한 무기라고 인식했다. 멀리서 화살로 적을 쏘아 맞히는 활은, 당시 내 어린 눈에 상당히 비겁해 보였던 모양이다. 게임 캐릭터를 설정할 때도 활을 든 궁수 캐릭터는 쳐다도 보지 않았던 기억이 생생하다.

그러나 〈불멸의 이순신〉을 보면서 활쏘기에 대한 생각이 180도 바뀌었다. 활을 쏘는 이순신의 모습에서 설렘을 느낀 것이다. 드라마 속에서 이순신의 활은 단순한 살상 무기를 넘어, 청년 이순신의 성장을 이끌어낸 도구이자 전란으로 고단해진 심신을 가다듬는 수양의 도구로 묘사됐다. 자연스레 '영웅의 무기'인 활에 관심이 생겼다.

그러다 2006~2007년 MBC에서 방영된 퓨전사극 〈주몽〉을 보면서 활쏘기의 매력에 완전히 빠져들었다. 주몽 역을 맡은 송일국 배우는 신궁으로 유명했던 고구려의 시조 주몽을 연기하기 위해 실제로 국궁을 수련한 것으로 알려져 있다. 그래서인지 그가 드라마에서 보여준 활쏘기 실력은 수준급이었는데, 눈을 감고도 백발백중하는 드라마적 연출까지 합쳐지니, 주몽이 활을 쏘는 장면만 나오면 나는 심장이 다 쿵쾅거릴 정도였다.

대학생 시절 처음 활을 배운 것도, 이후 10년 가까이 활을 내려놨다 서른이 넘어 다시 활을 잡게 된 것도, 바로 어릴 적 보았던 이순신과 주몽의 활쏘기를 이상향으로 늘 가슴에 간직하고 있었기 때문이다.

사극 속 영웅들에 대한 동경. 이것이 내가 활쏘기에 관심 갖고 입문하게 된 결정적인 동기다. 건강? 명상? 자기수양? 그런 것들은 내게 있어 모두 부차적인 요소들일 뿐이다. 최근에는 KBS 대하드라마 〈고려거란전쟁〉을 보면서 '고려판 이순신' 양규의 활약에 어린 시절 느꼈던 설렘과 흥분을 오랜만에 느꼈다.

양규 역을 맡은 지승현 배우 역시 오랜 시간 국궁을 수련했다고 한다. 그래서인지 드라마 안에서도 전통적인 방식으로 활시위를 걸고, 전통적인 온깍지 사법(활을 쏠 때 뒷손을 힘차게 뒤로 뻗는 동작)으로 시원시원하게 활을 쏘는 등 수준 높은 전통 활쏘기를 보여주고 있었다. 그 모습을 보고 반해버린 나는 활터에 갈 때마다 마치 양규에 빙

의라도 된 것마냥, 과녁을 거란군이라고 생각하고 열심히 활을 쏘기도 했다.

그래서 나는 지금도 활터 가는 길이 늘 설렌다. 활을 쏘는 그 순간만큼은 잠시나마 영웅을 꿈꾸던 중학생 시절로 돌아가서 이순신이 되기도 하고 주몽이 되기도 한다. 그렇게 활을 한참 쏘고 나면 어떤 고난과 역경도 물리칠 수 있을 것 같은 자신감이 샘솟는다. 잠시 활을 들고 전장을 누비고 돌아오면, 지금 내가 일상에서 하고 있는 걱정들 대개가 먼지처럼 한없이 가볍고 쓸데없이 느껴지기도 한다.

활터에 가면 '거침없이 넓고 큰 기개'를 의미하는 '호연지기(浩然之氣)'가 새겨진 비석이 세워져 있다. 우리 선조들은 활쏘기를 통해 호연지기를 기를 수 있다고 가르쳐왔다. 나는 그걸 요즘 체감하는 중이다. 활을 쏘면서 우리나라를 지킨 역사 속 위인들, 곧 나의 어릴 적 영웅들을 상상하면 절로 호연지기가 샘솟기 때문이다.

이제 내게 있어 활쏘기는 소년 시절의 로망을 넘어 불안한 미래에 대한 걱정과 현실의 역경에 맞서 싸울 용기를 불어넣어 주는 운동으로 자리

매김했다. '현생 살이'에 지친, 그래서 살아갈 용기를 잃은 이들에게 활쏘기를 적극 권하고 싶다. 당신도 활을 쥐는 순간 영웅이 될 테니.

포기하지만 않으면 됩니다

"젊은 사람이 왜 이리 힘을 못 써?"

처음 활을 배울 당시의 일화다. 상체 근력이 부족해 활을 제대로 당기지도 못하고 부들부들 떠는 것을 본 사범님이 핀잔을 주었다. 건장한 20대 남자 대학생이 약한 장력의 활 하나 이기지 못하는 모습이 적잖이 한심했던 모양이다.

돌이켜 보면 활쏘기를 배우면서 가장 힘들었고 또 가장 자괴감을 많이 느낀 시간이었다. 주몽이나 이성계처럼 백발백중의 신궁이 돼보겠다는 당찬 포부를 안고 국궁교실에 등록했는데, 현실은 그야말로 시궁창이었다. 잘 쏘고 못 쏘고를 떠나서, 아예 활을 당길 힘조차 없었으니 말이다.

나만큼은 아닐지라도, 아마 활쏘기에 입문한 이들이 가장 힘들고 지루해하는 때가 바로 이때가 아닐까 싶다. 활을 당기기 위한 근력(궁력)을 기르는 기간 말이다.

초보자들은 활터에 등록하게 되면 짧게는 1개월에서 길게는 3개월 이상 교육을 받게 된다. 이 기간에는 활터 예절부터 시작해 보법(발 제대로 딛는 법), 활을 들어 당기는 법, 호흡법 등의 자세를 익힌다.

핵심은 안정적인 자세로 활을 당길 수 있는 충분한 힘을 기르는 것이다. 초보자들은 화살을 메기지 않은 빈 활을 반복적으로 당기는 연습을 통해 차츰차츰 힘을 길러가는데, 가장 낮은 파운드의 활로 시작하여 점차 과녁으로 보낼 수 있는 세기의 활로 강도를 높여간다. 그러다 바르고 안정적인 자세로 높은 파운드(장력)의 활을 당길 수 있게 되면 비로소 사대에 서게 되는 것이다.

그 작은 활 하나 당기는 게 뭐 그리 힘드냐고 의문을 가질 수도 있겠다. 그러나 사대에서 과녁까지의 거리를 생각해 보면, 금세 수긍이 갈 것이다. 현재 우리나라 활터의 규정 사거리는 145m이다. 이는 조선시대 무과시험 당시 120보 거리에서 각궁(角弓: 나무, 힘줄, 쇠뿔 등 전혀 다른 성질의 재료들을 결합해 만든 우리나라의 전통 활)으로 유엽전

(촉의 모양이 버들잎처럼 뾰족하고 날카로운 화살)을 쏜데서 비롯한 것으로, 이를 미터로 환산하면 150m에 가까운 거리가 되는데, 1960년대 무렵 지금의 거리로 정착됐다 한다.

양궁 사거리가 70m인 데 비하면 무려 두 배가 넘는 거리다. 145m 너머의 과녁으로 화살을 보내려면 그만큼 장력이 센 활을 당길 수 있어야 하는데, 초보자에게 그런 힘이 있을 리가 없다. 따라서 활을 충분히 당길 수 있는 힘을 기르려면 통상 1~3개월은 걸린다고 봐야 한다. 안타깝게도 활쏘기에 갓 입문한 초보자들 중 중도 포기하는 이들은 대개 이 과정에서 떨어져 나간다. 수학여행 가서 아주 약한 활로 국궁체험 하던 기억만 생각하고 도전했다가, 생각보다 오래 걸리고 힘드니 싫증이 나는 것이다.

그렇기에 활터에서는 처음 사대에 선 이들을 격려해 주는 문화가 있다. 교육을 마치고 비로소 사대에 설 자격이 주어진 신사(초보 궁사)들은 '집궁례'라고 하여 모든 사원들이 보는 앞에서 첫 순 다섯 발을 내게 되는데, 이때 화살을 과녁에 맞혔든 못 맞혔든 박수가 쏟아진다. 지루하고 힘든 시

살짜쿵 활쏘기

간을 극복하고 마침내 사대에 선 초심자들에게 보내는 축하의 박수인 셈이다.

부끄럽지만 활을 처음 배우던 10년 전의 나는 이 과정을 끝내 극복하지 못했다. 타고난 근력이 부족했던 탓에, 같이 시작한 동기들과 비교했을 때도 좀처럼 궁력이 늘지 않아 위축되고 자괴감을 느낀 나머지 의지를 상실하고 만 것이다. 결국 기초 교육 이수 후 이어지는 심화 교육을 포기한 채 오랜 세월 활을 내려놓게 됐다.

그러다 2021년 12월, 서울의 한 실내국궁장에서 열리는 활쏘기 수업에 등록하면서 다시 활을 잡게 됐다. 오랜 시간 활을 잡지 않아 떨어진 궁력을 기르기 위해 원점에서 다시 시작해야 했다. 여전히 지루하고 힘든 과정이었지만 뒤늦게 다시 시작한 만큼 '이제는 포기하지 않으리라' 굳게 다짐하며 수련에 매진했다.

그리고 2022년 3월 20일, 처음으로 과녁에 화살을 맞혔다. 다시 활쏘기를 배우기 시작한 지 3개월 만에 이룬 결실이었다. 이때의 희열을 잊을 수가 없다. 솔직히 말하면 다섯 발의 화살을 내리 과녁에 관중시키는 몰기를 처음 했을 때보다 이때의 감격이 더 컸다고 해도 과언이 아니다. 내가 쏜 화살이 저 멀리 과녁에 맞았을 때의 전율이란.

인내 끝에 찾아온 열매는 그토록 달콤했다. 지금 와서 생각해 보면 의지가 약했던 10년 전의 나 자신에게 아쉬움이 크다. 느리더라도 꾸준히만 했더라면, 조금 버티기만 했더라도 활쏘기의 재미를 10년은 일찍 맛보았을 텐데. 아무튼 나는 느리더라도 포기하지만 않는다면 반드시 결실을 맺는 날이 온다는 것을, 그 결실은 힘들게 쟁취한 만큼 더욱 달콤할 것이라는 확신을 활쏘기를 통해 얻었다.

어디 활쏘기만 그러할까. 다른 운동도 그렇거니와 공부건, 직장일이건 처음부터 잘할 수는 없는 법이다. 백발백중 신궁이었다던 태조 이성계도 설마 처음부터 신궁이었으랴. 그에게도 열심히 빈 활을 당겨가며 힘을 기르는 인고의 시간이 있었을 것이다. 그러나 긴 수련 끝에 그는 마침내 불세출의 명궁으로 역사에 기록됐다.

포기하지만 않고 견디면 언젠가 반드시 결실을 맺게 돼 있다는, 활쏘기를 통해 얻은 믿음. 그 믿음을 나는 이제 삶을 살아가는 태도에도 한번 적용해 보려 한다.

살짜쿵 활쏘기

나의 활쏘기 멘토, 태조 이성계

나는 역사 속 영웅들을 좋아한다. 영웅들은 강인하고 담대하다. 그들의 삶에는 그야말로 호연지기가 넘쳐난다. 전형적인 INFP로서, 나는 늘 영웅들의 호방함을 닮고 싶었다.

그중에서도 내게는 조선의 1대 임금, 태조 이성계에 대한 애착과 존경심이 남다르다. '존경하는 위인' 중 한 명으로 이성계를 언급하면, 대부분의 사람들은 고개를 갸우뚱한다. 보통 한국인들이 존경하는 위인이라고 하면, 이순신 장군이나 세종대왕, 김구, 안중근, 유관순 열사 정도를 이야기하지 않던가. 이성계는 사실 순위권에도 들지 않을 것이다.

하지만 나는 이성계가 살아온 삶을 보면 늘 가슴이 뛴다. 한반도와 만주벌판을 종횡무진 누비며 한 번도 패하지 않은 불패의 명장. 변방의 무장 출신으로 마침내 한 나라를 세운 창업 군주. 모름지기 사내라면 그 웅장한 이력에 가슴이 뛰지 않을 수가 없으리.

좋아하고 존경하면, 자연히 그 사람의 모든 것을 닮고 싶어진다. 이성계하면 역시 '신궁(神弓)' 아닌가. 『조선왕조실록』에는 태조의 신출귀몰한 활쏘기 실력이 자주 등장한다. 그중 대표적인 일화 하나를 소개한다.

"공민왕 19년(1370) 경술 정월, 태조는 기병 5천 명과 보병 1만 명을 거느리고 동북면으로부터 황초령(黃草嶺)을 넘어 6백여 리를 행진하여 설한령(雪寒嶺)에 이르고, 또 7백여 리를 행진하여 압록강을 건넜다.

이때 동녕부(東寧府) 동지(同知) 이오로첩목아(李吾魯帖木兒)는 태조가 온다는 말을 듣고 우라산성(亐羅山城)으로 옮겨 가서 지켜 대로(大路)에 웅거하여 막고자 하였다. (…) 추장 고안위(高安慰)는 오히려 성에 웅거하여 항복하지 않으므로, 우리 군사들이 그를 포위하였다. 이때 태조는 활과 살을 가지지 않았으므로 수종하는 사람의 활을 가져와서 편전

(片箭)을 사용하여 이들에게 쏘았다. 무릇 70여 번이나 쏘았는데 모두 그 얼굴에 바로 맞으니, 성중(城中) 사람들이 겁이 나서 기운이 쑥 빠졌다.

안위는 능히 지탱하지 못하여 처자를 버리고 줄에 매달려 성을 내려와서 밤에 도망하였다. 이튿날 두목 20여 명이 백성을 거느리고 나와서 항복하여, 여러 산성들은 소문만 듣고 모두 항복하니, 호(戶)를 얻은 것이 무릇 만여 호나 되었다.”('총서', 「태조실록」1권)

고려 말 공민왕의 요동정벌 당시 이성계가 이끄는 1만 5천의 고려군은 압록강을 건너 우라산성(오녀산성)이라는 곳에서 농성 중인 적과 대치하게 된다. 실록이 전하는 바와 같이 당시 이성계는 본인의 활과 화살이 없어 부리는 이들의 궁시를 빌려 편전(애기살) 70여 발을 쏘았는데, 모두 적의 안면에 명중했고, 이러한 신기(神技)에 겁을 먹은 적의 추장은 처자를 버리고 도주했다. 주변 산성들도 모두 백기를 들면서 고려군은 우라산성을 정복했다.

이성계를 존경했던 나는, 그래서 활을 배우고

싶었다. 내가 오랜 방황에도 버킷리스트에서 끝까지 '국궁 배우기'를 빼먹지 않은 까닭이다. 결국 다시 활을 잡게 된 결정적 계기도, 바로 2021년 가을 구리 건원릉과 전주 경기전을 답사하다 가슴속 깊이 묻어두었던 활에 대한 열정이 끓어올랐기 때문이다.

실제로 나는 국궁을 시작한 뒤, 태조 이성계에 대한 지극한 애정과 존경심을 품고 훌쩍 남쪽으로 떠나기도 했다. 2022년 11월 활 한 자루 들고서 전북 남원과 전주 등 이성계의 흔적이 깃든 '태조 이성계 로드'를 걷고 온 것이다.

남원은 우왕 6년(1380) 9월 황산(荒山) 일대에서 이성계가 이끄는 고려군이 왜구들을 격퇴한 황산대첩이 벌어진 지역이다. 황산대첩 당시 왜구들이 흘린 피로 붉게 물들었다는 '피바위' 위에서 활을 가득 당겨보기도 하고, 황산대첩 현장 근처에 조성된 '황산정(荒山亭)' 활터를 찾아가 습사도 했다. 황산대첩의 현장에서 활을 쏘니 마치 내가 이성계가 된 것마냥, 가슴 가득 차오르는 호연지기를 억누를 수가 없었다.

전주에서도 마찬가지였다. 전주는 태조 이성

계의 본향으로, 태조의 어진을 모시고 있는 경기전과 황산대첩 직후 이성계가 승전 잔치를 벌였다는 오목대 등이 조성돼 있다. 이곳에도 '천양정(穿楊亭)'이라는 이름의 활터가 있다. 무려 300년 넘는 역사를 자랑하는 활터다. 천양(穿楊)은 '화살로 버들잎을 꿰뚫는다'는 뜻으로 신묘한 활솜씨를 가진 이태조의 고사에서 본딴 것이라 한다. 아침 일찍 경기전에 들러 태조 어진 앞에서 활을 들고 인사를 드린 뒤, 천양정을 방문해 습사를 하니 그저 행복할 따름이었다.

2024년 1월 1일 새해 첫날, 새벽같이 집을 나와 활터로 향했다. 전통 활인 각궁(角弓)을 올린 뒤, 집에서 준비해 간 태조 이성계 어진을 사대 앞 비석 위에 올려놓고, 보이차 한 잔 올렸다. 활터에서 맞이하는 새해 첫날 아침이니만큼, 궁신(弓神) 태조 대왕께 차례(茶禮)를 지내는 것으로 새해를 시작하고 싶었다.

이런 지극정성에 태조께서도 감동을 받으셨을까? 차례를 올린 지 일주일도 되지 않은 2024년 1월 6일, 나는 드디어 처음 1순(5발)을 연달아 관중시키는 '초몰기'를 달성, 마침내 '접장'이 되었다. 처음 활을 시작한 지 11년 만이요, 다시 활을 잡은 지 꼭 2년 만이었다.

초몰기를 달성한 지 꼭 일주일 뒤, 다시 전주를 찾았다. 경기전에 모셔진 태조 어진에, 초몰기 때 썼던 활을 들고 감사 인사를 올렸다. 사연을 들은 이들 모두가 활을 '영물'이라고 하더라. 하여 활의 윗장에 태조 이성계 어진을 부착하고, 아랫장은 건원릉 봉분의 억새풀로 장식했다. 활의 이름도 태조의 잠저 시절 호(號)이자 내 필명 중 하나인 '송헌(松軒)'으로 명명했다.

부끄럽지만 사실 내 활쏘기 실력은 이성계의 발끝에도 미치지 못한다. 이성계는 무슨. 활쏘기 실력으로 전국 랭킹을 매긴다면 아마 뒤에서 놀고 있지 않을까 싶다. 안타깝게도 이성계처럼 재능은 없는 모양이다.

그러나 이성계를 닮고 싶다는, 그래서 이성계처럼 신궁이 되고 싶다는 꿈은 여전히 포기하지 않았다. 꿈꾸는 데 돈 드는 것도 아니잖은가. 활을 쏠 때만큼은 나도 한반도와 만주벌판을 누비던 불패의 명장, 태조 이성계로 빙의되어 호연지기를 마음껏 발산하고 있다. 그것만으로도 충분하다. 혹시 모를 일이다. 그렇게 이성계처럼 되기를 꿈꾸고 노력하다 보면, 언젠가 나도 역사에 남을 신궁이 될지.

각궁을 만나다

전역을 앞둔 말년 병장 시절, 앞으로 나가면 뭐 해 먹고살아야 하나 고민이 많았다. 역사가 좋아서 사학과에 진학했는데, 막상 전역할 때가 다가오니 복학하기도 싫고 공부도 지겨워진 것이다. '운명은 스스로 개척하는 것'이라는 신조를 갖고 있는 나였지만, 그때만큼은 정말 미래가 깜깜하게 느껴졌다. 지푸라기라도 잡는 심정으로 서울 동대문 근처의 한 점집에서 사주팔자를 봤다. 사주를 봐주시던 분은 내 사주를 보더니 이렇게 딱 한마디를 던지는 것이었다.

"사주가 옛것들과 잘 어울리네."

내가 역사, 전통 등등 '옛것들'로 벌어먹고 살 사주라는 것이다. 역사 공부가 지겨워 찾았는데, 되레 저런 말을 들으니 '운명은 어쩔 수 없나 보다' 싶어 허탈한 웃음이 터져 나왔다. 가만 생각해

살짜쿵 활쏘기

보면 나는 전공 외에 일상에서 즐기는 취미조차도 역사와 전통이 깃든 것들로만 가득했다. 대학생 때는 조선 정조 때 편찬된 무예교범『무예도보통지』를 복원한 '무예24기'를 수련했고, 국악에도 흥미가 생겨 해금을 배우기도 했다.

그러니 내가 전통 활쏘기(국궁)에 푹 빠지게 된 것도 운명이겠거니 싶다. 반면 희한하게도 양궁에는 전혀 관심이 가지 않는다. 활을 평생 한 번 잡아보지 않은 사람들조차도 올림픽 때만 되면 양궁에 열광하는데, 정작 활 잡는 걸 그렇게 좋아하는 나는 양궁 경기에 그다지 흥미를 느끼질 못한다. 오로지 민족의 역사와 전통이 깃든 국궁에만 지독한 애착을 느끼고 있으니, 사주가 신통방통하다는 생각도 든다.

그래서인지 나는 활도 '각궁(角弓)'을 쓴다. 각궁이란 참나무, 산뽕나무 등 여러 종류의 나무와 소힘줄, 물소뿔 등 전혀 다른 성질을 지닌 재료들을 결합하여 만든 우리 민족 고유의 전통 활이다.

현재 활터에서 쓰는 국궁 장비들은 대부분 전통 각궁이 아닌 현대에 개발된 카본 활(개량궁)과 카본 화살(개량시)이 주를 이루고 있다. 카본 궁시는 비용도 만만찮고 관리도 까다로운 각궁의 단점을 보완하기 위해 1970년대 중반부터 보급되기 시작한 활과 화살이다. 각궁의 단점을 보완하기 위해 개발된 것이니, 각궁에 비해 편리한 점이 많기는 하다. 전통적인 각궁은 온도와 습도에 민감하기 때문에 보관에도 신경을 써야 하고, 활 시위를 걸어 쏠 수 있도록 준비하는 과정(이를 '활을 올린다'라고 표현한다)이 카본 활에 비해 조금 손이 많이 가는 것은 사실이다. 화살은 또 어떤가. 각궁에 쓰는 전통적인 죽시(대나무 화살)는 카본 화살에 비해 부러지기 쉽고, 바람을 많이 타는 탓에 과녁 적중률이 카본 화살에 비해 떨어지는 편이다.

그래서 국궁에 입문하면 초심자들은 카본 활로 먼저 활쏘기를 익힌다. 그러다 나중에 본인이 흥미가 생기고, 재정적 여유도 뒷받침되면 각궁으로 넘어가곤 한다. 대한궁도협회 규정에 따르면 5단 이상부터는 승단 심사 시 각궁을 쓰도록 의무화했기에 승단 욕심이 있는 궁사들은 원하든 원치 않든 언젠가 각궁을 잡아야만 한다.

굳이 승단 욕심이 없는 사람들이라면, 각궁으로 넘어가지 않고 평생 카본 활에만 머물러 있는 경우가 더 많다. 이미 카본 활에 익숙해진 마당에 굳이 '고비용 저효율'의 각궁을 잡을 까닭이 없는 것이다. 그러나 나는 전통을 사랑하는 사주의 소유자답게, 국궁에 입문한 직후부터 언젠가 반드시 각궁을 잡겠다는 꿈을 품고 있었다. 아무리 카본 활이 저렴하고 편하다 하더라도, 전통 방식으로 만들었고 선조들의 지혜가 집약된 우리의 전통 각궁을 잡아야만 '진짜배기' 전통 활쏘기를 한다고 자부할 수 있을 것 같았기 때문이다.

감사하게도 각궁과의 인연은 생각보다 빨리 찾아왔다. 2022년 여름 전통 활쏘기를 공부하는 한 모임에 참여하게 되면서부터였다. 모임원들은 나만 빼고 전부 각궁을 쓰고 있었다. 옆에서 각궁 쓰는 모습을 보면서 그게 부럽기도 하고, 나만 없으니 살짝 소외감을 느끼기도 했다. 카본 활보다 각궁이 훨씬 좋다고 입이 마르도록 찬양하는 것을 들으면서 나도 얼른 각궁을 잡고 싶다는 욕심이 생겼다.

그럼에도 계속 망설였던 것은 '비용' 때문이었다. 장인이 전통적인 방식으로 일일이 만드는 각궁은 가격이 80만 원대로, 기껏해 봐야 20만 원대인 카본 활에 비해 훨씬 비싸다. 화살은 또 어떻고. 각궁에만 쓰는 죽시는 한 발에 4만 원 가까이 되는데, 이는 카본 화살에 비하면 무려 네 배에 해당하는 금액이었다.

아마 이런 만만찮은 비용 탓에 사람들이 호기심을 느껴도 쉬이 각궁에 입문하지 못하는 것 아닐까. 더군다나 그때 당시 나는 일정한 수입도 없는 백수 신분이었기에 지금 당장 각궁을 잡는 건 더더욱 사치라고 생각했다. 언젠가 취직을 하고 목돈이 좀 생기면 그때 각궁을 잡아야겠다고 스스로를 달래고 있었는데, 어느 날 활쏘기 모임을 함께하는 접장님께서 그런 내게 한말씀 툭 던지셨다.

"미루고 미루다 보면, 결국 늙어 죽을 때까지 못 해요."

그 말에 정신이 번쩍 들었다. 시간과 비용 등 이런저런 핑계로 미루고 미루다 결국 실천하지 못했던 버킷리스트들이 생각났다. 결국 두 눈 질끈 감고 각궁을 주문했다. 그때 마침 학술회의에서 발표하고 받은 원고료 80만 원이 통장에 들어온 직후였는데, 이 피 같은 돈 역시 화살값으로 몽

땅 날아갔다. 그렇게 2023년 여름, 생애 첫 각궁을 손에 쥐게 됐다.

두근두근 거리는 마음으로 시사(試射)를 해봤다. 아무래도 전통 활이니 뭔가 느낌이 다르겠지, 그리고 비싼 활이니 훨씬 잘 날아가겠지 하는 기대가 있었다. 그런데 웬걸. 자꾸만 엉뚱한 곳으로 화살이 날아가는 게 아닌가. 아무래도 낯선 활이 익숙지 않아 그런 듯했다. 그동안 카본 활과 화살에 익숙해져 있다가 재료와 형태가 다른 활을 잡으니 아예 새로운 활쏘기를 배우는 느낌이었다. 그러나 인간은 역시 적응의 동물이라 했던가. 계속 쏘다 보니 조금씩 새 활에 적응되기 시작했다. 그리고 카본 활과는 다른, 각궁만의 부드러운 '손맛'에 나는 점점 빠져들고 있었다.

"젊은 사람이 각궁을 쓰네?"

"자네 몇 단인가?"

각궁을 들고 지방 활터를 돌아다닐 때마다 종종 사람들로부터 받는 질문이다. 현대식 카본 활이 점령하다시피 한 국궁장에서 각궁을 잡는 사람들 자체가 소수인데, 더군다나 젊은 사람이 각궁을 쓰는 모습이 생경하게 다가왔을 법하다.

'단'을 묻는 것은 현재 대한궁도협회에서 5단 이상 승단을 위해서는 반드시 각죽(각궁+죽시)을 쓰도록 한 규정 때문이다. 각궁 자체가 카본 활에 비해 다루기 까다로운 터라, 굳이 5단 이상 도전하는 이들 아니고서는 처음부터 각궁을 잡는 이들은 많지 않다. 그런데 젊은 사람이 각궁으로 활쏘기를 하고 있으니, 아마 내가 각궁으로 승단을 준비하고 있거나 이미 승단한 재야의 젊은 고수쯤으로 생각하는 모양이다. "저는 단이 없는데요"라고 대답하면 대개 당황하곤 한다.

어쨌거나 대한궁도협회의 이러한 규정은 전통을 유지하려는 최소한의 장치다. 이러한 규정 덕에 카본 활이 지배하고 있는 전통 활터에서 각궁의 전승이 면면히 이어지고 있다. 다만 그래서인지 4단까지는 으레 카본 활로 승단하고, 5단부터는 각궁으로 바꾸는 현상이 벌어진다. 종종 "각궁은 4단 이상은 돼야 쓸 수 있다"고 초심자들에게 겁을 주는 이들이 있는데, 나는 이런 발언은 규정에 대한 몰이해에서 비롯된 오해와 편견이라 생각한다. 실제로 국궁 입문 당시의 나 역시 정말 그래야만 하는 줄 알았다. 그러나 4단 이상은 돼야 각궁을 쓸 수 있다는 규정은 찾아보니 어디에도 없었다. 또 실제로 각궁을 잡아보니 단의 유무는 전혀 관계가 없었다. 오히려 카본 활과 각궁은 느낌이 많이 다르기 때문에, 언젠가 각궁을 잡을 거라면 하루라도 더 빨리 시작하는 게 맞다. 따지고 보면 카본 활이 없던 시대에 태어난 옛 조상들은 처음부터 각궁을 잡았을 것 아닌가.

한편으로 카본 활이 더 맞히기 쉽기 때문에, 카본 활로 우선 딸 수 있는 단까지는 따두고 규정대로 5단 심사부터 각궁을 쓰는 게 어떠냐는 조언도 종종 듣는다. "목적지까지 빠르게 갈 수 있는 방법이 있는데 왜 굳이 멀리 돌아가느냐"는 핀잔과 함께. 그러나 나는 이 길을 멀리 돌아가는 길이라 생각하지 않는다. 카본 활과 각궁은 그 구조와 쏨새가 다르기 때문에, 오히려 명궁이 되고 싶다면 일찌감치 각궁으로 길을 들이는 게 장기적인 관점에서는 현명한 판단 아닐까. 무엇보다 나는 단증에 크게 집착하지 않는다. 나는 그저 '활쏘기' 그 자체를 즐기고 싶을 뿐이다. 즐기면서 실력을 키우다 보면, 승단이란 것은 언젠가 따라오기 마련인 것 아닐까.

카본 활을 보통 '개량궁'이라고 부른다. 단어 자체가 각궁의 단점을 개량했다고 하여 붙여진 이름이다. 그러나 나는 이 단어가 적절한 표현인지 의문이다. 각궁 자체가 카본 활보다 좋은 점도 있기 때문이다. 전통 각궁의 가장 큰 장점은 활을 쐈을 때의 충격을 활이 흡수하기 때문에 내 몸으로 돌아오는 충격이 적다는 것. 그러니 몸에 무리 없이 편안하게 활쏘기를 즐길 수 있다. 그리고 무엇보다, 재밌다. 시위를 걸고 푸는 과정이 매우 단순하며, 활의 형태 역시 항상 일관성을 유지하고 있는 카본 활과 달리 각궁은 활을 올리고 내리는 과정이 조금은 복잡한 편이다.

그러나 나의 '손길'에 따라 활의 형태가 잡히는 것을 보면 일종의 성취감마저 든다. 프라모델에 비유해 보면, 완제품이 아닌 분해된 상태라 할 수 있겠다. 분해 상태로 구입하여 시간을 들여 완성했을 때의 성취감이 완제품을 샀을 때보다 훨씬 더 큰 것과 같은 맥락이다.

궁사들이 반드시 지켜야 할 원칙 중에 '막만타궁(莫彎他弓: 남의 활을 당기지 말라)'이라는 말이 있다. 얼핏 보면 '남의 재산이니 함부로 건드리지 마라'라는 뜻으로 해석하기 쉽다. 사실 이 말은 각궁을 두고 하는 말이다. 각궁은 내 쏨새, 즉 자세에 맞게 세팅을 하기 때문에, 나와 쏨새가 다른 사람이 당기면 바로 활이 뒤집히면서 부러질 위험이 크다. 내 쏨새에 맞게 내가 직접 세팅한 활로 쏘는 것이기에, 각궁을 쏠 때는 '나만의 시그니처 활'을 쏜다는 일종의 아이덴티티를 느낄 수 있다.

무엇보다 나는 전통을 계승한다는 사명감과 자부심을 느끼곤 한다. 활터에서 각궁을 쓰는 이들이 소수라는 사실부터가 이미 전통에 대한 계승이 흐려지고 있는 현상인 것 같아서 안타까울 때가 많다. 그렇기에 나는 더욱 각궁을 고집하고 있다. 선조들이 물려주신 문화유산을 계승해야 한다는 사명감 때문이다.

좀 더 극단적으로 말해볼까. 개인적으론 '진짜배기' 전통 활쏘기를 한다고 말하려면 각궁을 잡는 게 맞다고 생각한다. 전통 방식으로 제작된 활과 화살로 하는 활쏘기에야 '전통'이라는 말을 붙일 수 있는 것 아니겠는가. 어릴 때 신나게 가지고 놀던 '탑블레이드' 팽이를 가지고 팽이치기를 한다고 해서 그것을 민속놀이라고 부를 수 있을까?

안타깝게도 카본 활이 발명된 후 전통 활터에서도 편의성을 추구하면서 자연스레 각궁 제작 기술이 많이 실종되었다고 한다. 과거에는 지역별로 특색 있는 각궁들이 제작됐다고 하는데, 지금은 대개 역사 속으로 사라졌다. 각궁을 잡는 이들이 줄어들수록 그나마 남아 있는 각궁 제작 기술도 전승이 끊기는 것은 아닐까 두렵다. 그러므로 보다 많은 이들이 자신감과 사명감을 갖고 각궁에 도전했으면 하는 바람이다. 그게 궁극적으로 전통 활쏘기를 제대로 즐기고 계승하는 길이라 믿기 때문이다.

내게 맞는 활터 찾는 법

대한궁도협회 홈페이지(http://kungdo.or.kr/)에 접속한 뒤 '커뮤니티-활터현황' 항목에서 전국 활터 주소와 연락처를 확인할 수 있다. 가까운 활터를 찾아 전화로 문의하면 담당자가 등록 절차 및 교육에 관한 사항들을 자세히 안내해 줄 것이다. 근처에 활터가 여러 곳이라면 가능한 한 모두 방문해 본 뒤 등록을 결정하는 것이 좋다. 활터마다 회비와 분위기 등이 천차만별이기 때문이다.

살짜쿵 활쏘기

2장

활에 빠지다

국궁의 매력에 빠진 사람들

"활쏘기 한번 배워보세요."

요즘 나는 주변에서 '국궁 전도사'로 통한다. 만나는 지인들에게 틈만 나면 "국궁 한번 배워보는 게 어떻느냐"라고 강력히 권하고 다니기 때문이다. 주로 역사 관련 콘텐츠들만 올라오던 개인 블로그에 언제부턴가 국궁 이야기가 주를 이루기 시작한 것, 얼굴 노출을 꺼려 생전 엄두도 내지 않던 유튜브를 시작한 것도 모두 국궁 때문이다. 우리 전통 활쏘기를 사람들에게 널리 알리고, 한번 배워볼 것을 권하기 위함이다.

특히 대학원에서 같이 공부하는 선후배들은 나의 주된 '영업 대상'이다. 대학원 생활을 하면서 활쏘기를 통해 얻은 것들이 참 많기 때문이다. 대학원 생활을 하다 보면 여러모로 심신이 지치기 쉽다. 오래 앉아서 공부하다 보니 육체적으로 건

강도 점점 나빠지고 정신적으로도 이만저만 스트레스를 받는 것이 아니다. 그러므로 평소에 꾸준한 운동으로 건강 관리를 해줘야 하는데, 나는 활쏘기를 그 수단으로 삼고 있다.

활쏘기는 생각보다 건강에 도움이 많이 된다. 기본적으로 활을 당기고 쏘는 과정에서 전신운동이 된다. 과학적으로 증명됐는지는 알 수 없지만 먼 과녁을 계속 바라보면 시력 향상 효과도 있다고 한다. 오랜 시간 책과 모니터를 들여다보기 때문에 필연적으로 노안이 올 수밖에 없는 대학원생들에겐 크나큰 장점이라 하겠다.

정신 건강에도 좋다. 정확하게 화살을 꽂기 위해 과녁에 집중하다 보면 집중력이 저절로 향상되는 것은 물론이요, 과녁에 화살을 날려서 맞았을 때의 그 짜릿한 쾌감은 학업으로 쌓인 스트레스를 한 방에 날려준다. 그리고 활터들은 대부분 자연과 벗하고 있기 때문에 답답한 연구실에서 벗어나 잠시나마 상쾌한 공기를 마시다 보면 절로 '힐링'이 된다.

무엇보다 과녁에 화살이 맞지 않았을 때, 반구저기(反求諸己: 끊임없이 자신을 돌아보며 잘못의 원인

살짜쿵 활쏘기

을 스스로에게서 찾아야 한다)를 해야 한다는 점이 끊임없이 자신의 공부를 돌아봐야 하는 학자의 길과도 닮아 있어 느끼는 바가 많다. 활쏘기를 통해 나의 학문적 자세를 계속 돌아보게 되는 것이다. 괜히 공자께서 활쏘기 수련을 독려하고, 조선의 옛 선비들이 활쏘기를 즐겨 했겠는가.

공교롭게도 나의 영업에 가장 먼저 넘어온 '1호 고객'은 선후배도, 동기도 아닌 석사과정 당시 나의 논문 심사위원으로 들어오셨던 교수님이었다. 평소 내가 SNS에 올리는 습사 영상을 보면서 흥미를 느끼셨던 모양이다. 논문 인준을 받기 위해 연구실로 교수님을 찾아뵌 자리에서, 이런저런 사담을 나누던 중 갑자기 화제가 국궁으로 전환됐다. 활 이야기가 나오자마자 신나서 논문 이야기는 제쳐두고 한참 동안 활 이야기만 쏟아냈다.

결국 교수님께 활쏘기를 배울 수 있는 방법을 안내해 드렸고, 나의 영업에 넘어간 교수님은 정식으로 입문하여 활을 배우기 시작했다. 지금도 교수님과는 종종 만나 함께 습사를 하는데 "덕분에 뒤늦게 재밌는 취미를 찾았다"는 이야기를 들으면서 왠지 모를 뿌듯함을 느꼈다.

나의 영업에 넘어간 '2호 고객'은 우연히 SNS를 통해 알게 된 한복 모델이었다. 한복 외에도 국궁·택견·국악 등 전통문화에 관심이 많은 것을 보고 다짜고짜 "언제 시간 되면 활터에 와서 국궁체험 한번 해보시라"고 권했던 게 인연의 시작이었다. 그녀는 정말로 활터를 찾아왔다. 한참 동안 궁금한 것을 묻고, 간단한 체험을 하고 돌아간 그녀는 얼마 지나지 않아 "직장 근처 국궁장에 등록했다"고 연락해 왔다. 그날 활터에서의 체험을 계기로 국궁을 배우기로 결정했다는 것이다.

그리고 며칠 전 드디어 3개월에 걸친 교육을 마치고 '집궁례'를 치르게 되었다며 와서 축하해 달라는 연락을 받았다. 집궁례는 소정의 교육을 이수한 신입 궁사가 비로소 활을 쏘는 사대에 설 자격이 부여됐음을 만천하에 고하며 무사안녕을 기원하는 행사이다. 비록 소속은 다르지만 나의 영업 덕분에 활을 배우게 됐으니 축하해 주기 위해 기쁜 마음으로 달려갔다. 집궁례에서는 1순(5발)의 화살을 쏘는데, 그녀는 다섯 발 중 한 발을 과녁에 맞히는 데 성공함으로써 모두의 박수갈채를 받았다. 나 역시 덩달아 기뻤다.

나중에 알게 된 사실이지만, 그녀는 평소 자율신경계 이상으로 인해 미주신경성 실신, 저혈압, 빈맥 등에 시달릴 정도로 상당히 몸이 좋지 않았다 한다. 그런데도 국궁을 배우기 시작한 후로는 퇴근 후 매일같이 활터에 가서 수련하다 밤늦게 집에 들어오기 일쑤였다고. 신기하게도 활을 배운 뒤로는 편두통, 어지럼증 등이 많이 완화됐다고 한다. 조용한 활터에서 머리를 비우고 오로지 활을 쏘는 데에만 집중하다 보니 자연스레 그런 증상이 개선된 것 같다고. 문득 궁금했다. 무엇이 그녀로 하여금 활쏘기에 푹 빠지게 만들었을까.

"그냥 모든 과정이 즐거웠다. 어릴 때부터 사극을 보면 활을 쏘는 여성 캐릭터들에 그렇게 눈길이 가더라. 천추태후, 선덕여왕, 미실처럼 되고 싶다 생각했고, 그래서 어릴 때 장난감 활이랑 화살을 만들어보려고 시도한 적도 있었다. 또한 사범님이 활쏘기의 역사와 전통, 기술 등을 깊이 있게 알려주셔서 그 모든 것들이 재밌게 느껴졌다. 역사 속 인물들이 수련했던 무예를 나도 해볼 수 있다니. 너무 즐거워서 몸이 아파도 무리해서 나갔다."

더욱 뿌듯한 건 그녀 역시 나처럼 국궁 전도사가 되어 활발하게 우리 활쏘기를 전파하고 있다는 사실이다. 그녀는 주변에 이렇게 말한다. "활쏘기는 빠른 성취감을 느낄 수 있어 좋은 운동"이라고.

실제로 해가 갈수록 국궁을 배우려는 인구가 눈에 띄게 늘고 있다. 최근 내가 소속된 활터(공항정)의 사원 수만 봐도 알 수 있다. 예전과 달리 요즘은 평일에도 활을 쏘는 사대가 사람들로 바글바글하다. 주말에는 하도 사람이 많아 활 한 번 쏘기 위해 맛집처럼 웨이팅까지 해야 하는 상황이다. 우리의 전통 활쏘기를 배우겠다며 찾아오는 사람들이 줄을 이으면서 활터의 교육 방식도 바뀔 수밖에 없었다. 그동안은 사범과 수강생 간의 1:1 지도로 교육해 왔으나, 물밀듯이 밀려오는 인원들을 감당하기 어려운 탓에 집체교육으로 전환한 것이다. 하여 작년부터 공항정에서는 '전통 활쏘기(국궁)교실'을 신설, 분기별로 20~30명씩 수강생을 모집하여 전통 활쏘기를 지도하고 있다. 그런데 기수마다 늘 신청자들이 몰린다. 만일에 대비해 뽑은 예비(대기) 인원이 정원의 두 배 가까

살짜쿵 활쏘기

이 달한 적도 있다. 솔직히 어안이 벙벙하다. 국궁을 취미 이상으로 생각하고 즐기고 있는 나조차도 국궁은 사람들에게 생소하고, 특히 놀거리 즐길거리가 많은 젊은 층에게는 흥미를 끌지 못하는 취미라고만 여겨왔는데, 생각보다 많은 관심이 쏟아지고 있으니 말이다. 그래서 국궁교실 수강생들에게 물어보기로 했다.

"여러분은 왜 국궁을 하십니까?"

먼저 국궁을 배우기로 결심한 이유에 대해 물었을 때, 수강생들 다수가 '전통적인 것, 한국적인 것에 대한 관심과 동경'을 이유로 꼽았다. 해외에 나갔을 때 외국인 친구들에게 소개해 주고 싶어서 국궁을 시작했다는 이도 있었다.

국궁을 배우는 이유에서는 세대별로 약간 차이가 나기도 했다. 30대 남성 수강생 A씨는 "어릴 적 꿈이 활을 만드는 사람이었다"고 한다. 역시 30대 남성 수강생인 B씨도 "어릴 적 사극을 보면서 활쏘기에 대한 로망이 생겼다"고 했다. 이처럼 30대 수강생들은 로망의 실현을 위해 국궁을 시작한 반면, 40대 이상 수강생들은 대개 "노후에도 즐길 수 있을 것 같아서", "건강을 위해서" 등 실용적인 측면에 주목하여 활쏘기를 배우기로 결심했다고 답했다.

그렇다면 실제로 국궁을 배워본 수강생들의 소감은 어떨까. 세대를 막론하고 '건강'과 '집중력 향상'에 큰 도움이 됐다는 게 공통된 의견이었다. 활터에 나와서 활을 꾸준히 당기고 자세를 유지하는 과정에서 자연스레 근력이 강화되고, 또 과녁에 맞히기 위해 집중하는 과정에서 집중력과 평정심을 기를 수 있다는 것이다. A씨는 "마음을 비우는 것에 도움도 되고 국궁을 하는 순간만큼은 자유롭다는 생각이 들어 좋다"며 활쏘기가 스트레스 해소에 도움이 된다고 강조했다. 60대 남성 수강생 C씨 역시 "자기 자신을 다스리기에 너무 좋은 취미"라고 극찬했다. 40대 남성 수강생 D씨는 "평생 친구가 생긴 것 같다"며 국궁을 친구에까지 비유했다. B씨는 "내가 쏘아 보낸 화살이 하늘 높이 날아가는 것을 보고 있노라면 황홀하다"며 처음 과녁에 화살을 맞혔던 순간을 잊지 못한다고 고백했다.

"화살이 145m 너머의 과녁에 도달해 마침내 맞았을 때 '텅' 하는 소리와 함께 화살이 튕기는 모습을 보면, 그 순간 스트레스가 씻은 듯이 날아 갑니다. 아무리 몸이 피곤하고 힘들어도 꾸역꾸역 활터에 오르는 이유죠."

그렇다면 국궁을 연마하는 활터(국궁장)에 대한 생각은 어떨까. 실제로 그동안 사람들로 하여금 국궁 입문을 꺼리게 만든 여러 이유들 중의 하나가 활터를 둘러싼 각종 소문들, 편견들이라고 할 수 있다.

마냥 편견이라고만 볼 수도 없다. 과거 젊은 사람들이 활터에 가면 "한창 공부하고 일할 나이에 왜 여길 오느냐"며 문전박대당했다던 사람들의 썰을 종종 들었던 탓이다. 아마 그런 이야기들이 퍼지고 퍼져서 활터에 대한 부정적 인식이 생긴 건 아닐까. 나 역시 그런 소문을 듣고 오랜 기간 활터 문 두드리기를 주저한 경험이 있다.

50대 여성 수강생 E씨는 활터에 대해 "특정인만 출입할 수 있는 곳인 줄 알았다"라고 했다. A씨 역시 과거 활터에서 문전박대당했던 경험을 털어놨다.

"20세 때 큰맘 먹고 활터에 갔는데, 나이가 어리다는 이유로 거절당했습니다. 경사가 험한 곳을 지나 어렵게 도착한 활터에서 그저 어리다는 이유로 거절당했을 때 허탈했고, 국궁 자체에 대해 부정적인 생각이 안 들 수가 없었습니다."

그러나 인터뷰에 응한 수강생들 모두 막상 용기를 내어 활터에 오니 화기애애하고 자유로운 분위기에 그동안 품었던 두려움과 편견이 해소되었다고 이구동성으로 말했다. 모든 활터가 마냥 젊은 세대에게 폐쇄적이고 엄격한 곳이 아니라는 인식을 심어주기 위해 보다 노력해야 할 필요성을 절감했다.

마지막으로 우리 국궁 문화에 대해 아쉬운 점 내지는 바라는 점을 묻자, 모두가 "보다 적극적인 홍보가 필요하다"라고 입을 모았다. A 씨는 앞서 언급한 바와 같이 과거 본인이 겪었던 경험을 토대로, 특히 젊은 세대에 대한 적극적인 홍보와 함께, 젊은 세대가 활터의 문을 두드렸을 때 열린 마음으로 받아주길 바란다고 역설했다. 실제로 공항정의 경우 작년에 인스타그램 계정을 새로 개설한 이후로 국궁 수련에 대한 문의가 꾸준히 들어오고 있다. 문의하는 이들 대부분이 2030 세대이다. 젊은층에서도 분명 국궁에 대한 호기심과 궁금증이 있었으나, 그동안 국궁에 대한 진입 장벽이 너무 높았음을 짐작게 한다.

최근 들어 서울 시내의 다른 활터들 역시 하나둘 SNS 계정을 운영하기 시작했다. 바람직한 현상이라고 생각한다. 말로만 젊은층에게 우리 전통 활쏘기에 대한 관심을 촉구할 게 아니라, 젊은층의 방식으로 먼저 다가간다면, 우리 전통 활쏘기가 보다 대중적인 취미로 거듭날 수 있지 않을까.

나의 1호 각궁 '범도'

내게는 두 자루의 각궁이 있다. 한 자루는 2023년 여름에 장만한 인생 첫 각궁으로 경북 예천에서 만들어진 활이다. 두 번째 활은 그해 겨울 활벗으로부터 생일선물로 받은 활로 충남 천안에서 만들어졌다.

보통 활에 애칭을 붙이는 경우가 흔하지는 않지만, 나는 두 자루의 활 모두에 애칭을 붙였다. 활은 그만큼 내게 특별한 존재이기 때문이다. 그래서 애칭을 붙일 때도 나름대로의 의미와 신념을 담고자 했다.

고민 끝에 인생 첫 각궁(예천 활)의 이름은 '범도(範圖)'라 명명했다. 범도? 영화 〈범죄도시〉의 줄임말인가? 그럴 리가! 그 이름은 일제강점기 당시 봉오동·청산리 전투를 이끈 대한독립군 총사령관 홍범도(洪範圖) 장군의 이름에서 따온 것이다. 왜

뜬금없이 활에 홍범도 장군의 이름을 붙였을까. 그럴 만한 계기가 있다. 이야기는 내가 각궁을 장만한 직후인 2023년 8월로 거슬러 올라간다.

당시 나는 깜짝 놀랄 만한 뉴스를 접했다. 육군사관학교가 교정 내에 설치된 독립운동가(홍범도·김좌진·이회영·지청천·이범석)들의 흉상을 철거하기로 했다는 소식이었다. 독립운동가 후손 및 독립운동 기념단체들을 중심으로 거센 반발이 일자, 육사 측은 슬그머니 홍범도 장군 한 사람의 흉상만 철거하는 방향으로 계획을 수정했다. 소련 공산당 가입 전력이 있는 홍범도 장군이 대한민국 육군 간부를 육성하는 육군사관학교에 어울리지 않는다는, 되도 않는 논리를 들이밀면서 말이다.

독립운동사를 전공하는 역사학도로서 분개한 나는 즉각 행동에 돌입했다. 홍범도장군기념사업회와 함께 1인 시위를 하는 한편, 전국 역사학도들을 모아 온라인 서명운동을 전개했다. 그러나 사태가 장기화되면서 시위나 서명운동만으로는 한계가 있다고 생각했다. 시민 누구나 일상에서 홍범도 장군을 기억하고 기리는 캠페인으로

써 저항운동을 이어나가야 한다고 생각했다. 하여 사람들에게 '내 마음의 홍범도'라는 이름으로 일상에서 홍범도 장군을 기억하는 캠페인을 제안했다.

제안자로서 내가 스타트를 끊어야만 했다. 내가 그 수단으로 삼은 것이 바로 활쏘기였다. 내 1호 각궁의 이름을 '범도'라 명명한 까닭이 여기에 있다. 곧바로 홍범도 장군의 사진을 출력하여 활에 부착하고, 활을 쏠 때마다 백발백중의 솜씨로 일본군을 거꾸러트리던 장군의 기세를 실어 과녁을 향해 힘차게 화살을 날렸다.

한 발 더 나아가, 나는 좀 더 큰 꿈을 품어보았다. '홍범도 장군의 이름을 딴 활쏘기 대회를 열어볼 수는 없을까?' 사실 전국 방방곡곡에서 때마다 활쏘기 대회가 열린다. 지역이 배출한 위인이나 해당 지역에서 일어난 역사적 사건을 기념하여 개최되는 경우가 많다. 그러나 홍범도 장군을 기리는 대회는 아직까지 없다. 물론 홍범도 장군은 평양 출신이기에 남한 내에 딱히 연고도 없을 뿐더러, 활보다는 총으로 유명한 분이기에 활쏘기와 연관을 짓기 조금 어색해 보이기도 한다.

살짜쿵 활쏘기

그러나 활과 총 모두 원사(遠射) 무기라는 점에서, 또 우리의 기나긴 역사 속에서 외세가 침입해 올 때마다 저항수단으로 쓰였던 호국무기였다는 점에서 공통점이 있다고 생각했다. 비록 활이 아니라 총이었지만 홍범도 장군은 백발백중의 명사수로도 유명했고. 따라서 홍범도 장군의 뛰어난 무용(武勇)을 기리는 한편, 홍범도 장군 흉상 철거 이슈를 시민들에게 널리 알리기 위한 차원에서 '제1회 홍범도장군 배 활쏘기 대회'를 구상해 봤다.

처음엔 그저 혼자만의 상상이었다. 그러나 곧 놀랍게도 상상은 현실이 됐다. 나의 취지에 공감한 한 국궁 단체에서 나의 아이디어를 수용, '제1회 홍범도장군 배 전국 대학생 활쏘기 대회'를 공동 개최해 보지 않겠느냐고 제안해 온 것이다. 준비 과정에서, 대회가 순국선열의 날(11월 17일)이 있는 기간에 치러지는 점을 고려하여 타이틀을 '제1회 순국선열의 날 기념 전통 활쏘기 대회'로 바꾸자는 공동 주최 측의 주장에 따라 아쉽게도 홍범도 장군 이름 석 자는 빠지게 됐다.

타이틀에서 홍범도 장군은 빠졌지만, 애시당

초 대회의 개최 목적 자체가 홍범도 장군을 기리고, 홍범도 장군 흉상 철거에 항의하기 위한 목적이었으므로 대회 곳곳에 그러한 취지를 살리기 위한 장치들은 마련해 놨다.

단체전 1등 상을 '홍범도상'이라 명명한 뒤, 홍범도 장군의 약력을 기재한 특별한 상장을 만들어 시상한 것이다. 또 대회 참가자들로부터 '홍범도 흉상 철거 반대 서명'을 받아 홍범도장군기념사업회에 전달했다. 현장에서는 홍범도 장군의 삶과 업적을 정리한 피켓을 전시하여, 참가자들이 자연스럽게 장군의 삶을 공부할 수 있는 자리로 만들었다. 이런 취지에 공감한 홍범도장군기념사업회는 참가자들에게 나눠 줄 기념품으로 소설 『나는 홍범도』 60권을 후원했으며, 대회 당일 홍범도장군기념사업회 우원식 이사장(현 국회의장)이 깜짝 방문하여 활쏘기를 체험하고 참가자들을 격려하는 시간도 가졌다. 이날 우원식 이사장은 "기회가 되면 다음에는 꼭 홍범도장군 배 활쏘기 대회를 열었으면 좋겠다"는 바람과 함께 방현석 작가의 소설 『범도』를 즉석에서 후원하기도 했다.

살짜쿵 활쏘기

이날 대회는 한양대·광운대·경희대·인덕대·한성대·서울여대·세종대·덕성여대·성신여대·서울과학기술대 등 서울 지역 대학 국궁동아리 학생들과 공항정·석호정 등 서울 지역 활터 사원들의 적극적인 참여로 성황리에 끝났다. 대회에 참가했던 한 대학생은 "지금 현재 우리가 안온한 일상을 살아갈 수 있도록 대한민국의 뜻깊은 역사를 만들어주신 순국선열의 정신을 기릴 수 있어 뜻깊은 대회였다"고 소감을 밝혔다.

대회의 제안자이자 주최자로서 적극적으로 취지에 찬동하고 참여해 준 참가자들에게 고마웠다. 또 내가 좋아하는 취미를 수단으로 불의에 항거하는 국민저항운동을 전개할 수 있음에 큰 보람을 느낀 시간이었다.

그리고 마침내 2024년 12·3 비상계엄 내란사태로 윤석열 대통령이 탄핵되고 '빛의 혁명'으로 국민주권정부가 들어서면서 육사의 홍범도 흉상 철거 시도는 완전히 백지화됐다. 그러나 여전히 내 1호 각궁의 이름은 범도다. 불의하고 무도한 정권에 맞서 싸워 이겼다는 승리의 상징으로 간직하며 홍범도 장군의 애국애족 정신을 기억하겠다는 의지를 담아, 오늘도 나는 한 발 한 발 기세를 실어 과녁으로 힘차게 화살을 날려 보내고 있다.

살짜쿵 활쏘기

첫 전국대회 참가기

2024년은 국민들이 하나가 된 해였다. 그해 여름 파리 올림픽이 있었기 때문이다. 종목을 불문하고 대한민국 국가대표팀 모두 시작부터 두각을 드러냈다. 그중에서도 특기할 만한 것은 대한민국 여자 양궁 대표팀의 '10연패' 신화 달성이다. 대표팀은 우리가 역시 '활의 민족'임을 다시 한번 입증했다. 국민들은 양궁 국가대표팀의 활약에 환호를 보냈다.

그런데 국궁도 대회가 열린다는 사실을 아는가? 비록 올림픽 종목은 아니지만 국내에서는 지역·전국 단위로 크고 작은 대회가 꾸준히 열리고 있다. 나 역시 국궁을 시작한 뒤로 서울 지역에서 열리는 각종 구청장기·시장기 대회에는 빠짐없이 참석하는 편이다. 다만 전국 단위 대회는 한 번도 나가본 적이 없었다. 지방까지 갈 시간적 여유가 없었던 탓이다.

그러다 마침 파리 올림픽과 겹치는 기간이었던 7월 27일부터 29일까지 3일 동안 밀양 영남정에서 '제5회 밀양시장기 전국 남·여 궁도대회'가 열린다는 소식을 접하고 바로 접수했다. 단체전·개인전·실업부 등 무려 천 명이 넘는 궁사들이 모여 활 솜씨를 겨루는 자리였다. 대회는 3순(15발) 경기로 진행됐다.

내가 속한 공항정에서는 나 혼자만 참석했다. 서울에서 밀양까지 거리가 멀다 보니 다들 부담을 느낀 탓이다. 결국 나홀로 활과 화살통을 멘채, 밀양행 KTX에 몸을 실었다. 무더운 날씨에 굳이 그 먼 밀양까지 가서 대회에 참가한 데는 이유가 있다. 밀양은 약산 김원봉, 석정 윤세주 등을 비롯한 항일비밀결사 의열단의 주요 멤버들을 배출한 '의열의 도시'이다. 개인적으로 이번 대회를 통해 밀양 출신 의열단 지사들을 기리는 시간을 가져보고 싶었다. 하여 대회날보다 하루 앞서 밀양에 도착, 의열단원들의 생가 터와 의거 현장 등을 답사한 뒤, 독립운동가 박차정, 황상규 지사의 묘역을 찾아 대회 출전을 고하는 시간을 가졌다.

마침내 대회 당일이 밝았다. 대회장에 가면 '현장 접수'를 통해 자신의 작대(순서)를 정하게 된다. 대회는 오전 7시부터 시작이었다. 그런데 밀양에 내려오기 전, 선배 접장님들로부터 "오전 5시만 돼도 접수하려는 줄로 장사진을 이룬다"는 무시무시한 이야기를 들었다. 빨리 접수할수록 빨리 끝낼 수 있기 때문이다. 늦게 가면 기본 서너 시간은 기다려야 활을 쏠 수 있다고 한다. 하지만 아침잠 많은 나는 도저히 새벽 일찍 일어날 자신이 없었다. 그나마 빨리 간다고 간 게 7시였다.

내가 배정 받은 작대는 27대. 무려 189번째 접수자였다. 처음엔 금세 내 차례가 올 줄 알았다. 그래서 활(각궁)도 미리 세팅해 놓고 기다렸다. 8시… 9시… 10시… 시간은 하염없이 흐르건만 감감무소식이었다. 책을 읽기도 하고, 우연히 만난 지인들과 담소를 나누기도 하고, 다른 선수들이 활 쏘는 모습을 구경도 하면서 무료한 시간을 달랬다. 휴게실 구석에 누워 쪽잠을 청하는 이들도 있었다. 나 역시 아침 일찍 일어났기에 피곤했지만, 사람 많은 데서 누워 자기 민망해 도전하지 못했다. 언제 불려 나갈지 모른다는 긴장감 때문에 잠이 올 것 같지도 않았다.

"27대, 공항정 김경준 씨 나오세요!"

11시가 돼서야 드디어 내 차례가 왔다. 무려 네 시간을 기다려 쏘는 활이었다. 그런데 사대에 서니 갑자기 다리가 후들후들 떨려왔다. 서울 지역 대회는 여러 번 출전했지만, 전국의 궁사들과 나란히 서서 활을 겨룬다고 생각하니 지역 대회에서는 느껴보지 못한 또 다른 긴장감이 있었다. 발가락을 꽉 움켜쥐며 떨리는 다리를 진정시켜 보려 했으나, 한 순을 다 낼 때까지 떨림은 계속됐다.

"관중이오!"

첫 발부터 화살이 시원하게 과녁의 정중앙을 때렸다. 그러나 '첫 끗발이 개 끗발'이라던가. 그 다음부터는 엉망이었다. 정면을 향해 곧게 날아가던 화살이 과녁에 도달하기 직전에 자꾸만 오른쪽으로 빠졌다. 풍기(활터에서 바람의 방향을 알려주기 위해 세워둔 깃발)를 보니, 오른쪽을 향해 부는 바람이 만만찮았다.

이후 과녁의 왼쪽 방향으로 일부러 오조준을 해가며 나름대로 바람을 계산해 보려 했으나, 화살은 어김없이 과녁보다 오른쪽에 떨어지기를 반복했다. 바람은 계산하는 게 아니라 극복하는 거라고 했던가. 하지만 이날 나는 계산에도 실패, 극복에도 실패했다.

최종 성적은, 15시 3중. 지역 대회에서도 이렇게까지 처참한 성적을 받아본 적이 없는데, 전국 대회 신고식치고는 참 쓰라린 결과였다. 애꿎은 바람을 원망해 보기도 했지만, 이내 결과를 담담히 수용하기로 했다. 거센 바람에도 불구하고 3순을 잇달아 관중시켜 15시 15중을 달성한 고수들도 있었다. 그들에게도 바람은 공평하게 불었을 것이다. 결국은 내 실력이 부족해서 그런 것 아니겠나.

역시 세상은 넓고 고수는 많다. 악조건을 극복하고 쏘는 족족 맞히는 이들을 보며 '저런 경지에 이르기까지 얼마나 노력했을까', '평소에 나는 얼마나 열심히 연습했던가' 반성하게 됐다. 무엇보다 이번 대회를 통해 내가 배울 수 있었던 가장 큰 가르침은 '인내'였다. 이 무더운 날씨에, 수백 명의 사람들로 바글바글한 활터에서, 언제 불려 나갈지 모르는 긴장 모드로 기다리는 것은 그 자체로 고역이었다.

당연히 체력적으로나 정신적으로나 지칠 수밖에 없다. 그런 상황에서도 침착하게 활을 쏴서 좋은 성적을 거두는 궁사들의 모습은 존경스러울 정도였다. 기술도 기술이지만, 오랜 시간을 인내할 수 있는 체력과 마음의 여유야말로 고수가 되는 비결 아닐까. 비록 입상은 못했지만 큰 공부를 하고 돌아올 수 있었다.

이후 나는 춘천·평창 등에서 열리는 전국대회에 몇 번 더 참가했다. 번번이 성적이 좋지는 않았지만, 그래도 전국대회를 통해 나는 참 많은 것을 배울 수 있었다. 특히 혼자 참전했던 밀양 대회와 달리 소속 활터 사람들과 함께 간 대회에서는 더 많은 추억을 쌓고 돌아올 수 있었다. 긴 시간을 대기하는 동안, 자연히 서로 대화할 일이 많았기 때문이다. 그동안 활터에서 잠깐 잠깐 만났던 사람들과도 속 깊은 이야기를 털어놓으며 조금은 더 친해질 수 있었달까.

또 전국대회이다 보니 예상치 못한 조우를 하기도 한다. 다른 활터로 원정 습사를 하며 만났던 궁사들과 재회할 때는 오랜 친구를 만난 듯한 반

가움이 든다. 그래서 전국대회는 곧 '만남의 장'
이기도 하다. 그렇게 만난 사람들과 서로 안부를
묻고, 함께 차 한잔도 하면서 인연의 폭을 넓혀나
간다.

아무튼 대회 경험이 많지는 않지만, 앞으로도
시간만 허락한다면 자주 대회에 나가고 싶다. 그
리고 언젠가는 대회에서 순위권에 이름을 올려보
고 싶다. 중요한 건 역시 꺾이지 않는 마음이겠지.
노력하다 보면 언젠가는 꿈을 이룰 수 있으리라!

나만의 여름 피서법

여름은 괴로운 계절이다. 덥고 습하고 뜨겁기 때문이다. 기후 변화로 이제는 여름만 되면 한반도 전역이 폭염과 열대야에 시달린다. 언제부턴가 '입추'와 '처서'도 옛말이고, 추석에도 에어컨을 틀어야 할 지경이다. 몸에 열이 많아 남들보다 더위를 유독 많이 타는 내게 여름은 정말 견디기 힘든 계절이다. 여름만 되면 온몸의 기운이 쑥 빠져나간다. 실제로 나는 유난히 여름에 탈이 잘 나는 편이다.

아무튼 여름이 되면 더위를 피해 피서를 즐기는 방법도 사람들마다 각양각색이다. 계곡이나 바다로 떠나기도 하고, 방 안에 틀어박혀 시원한 에어컨 바람을 쐬며 밀린 독서를 하거나 영화를 보면서 시간을 보내기도 한다.

나는 다소 독특한 방법으로 나만의 피서를 즐

기고 있다. 바로 활쏘기다. 뜬금없이 웬 활쏘기 타령이냐고 할 수도 있겠다. 실제로 요즘 같은 더위에 활을 쏘러 다닌다고 하면 지인들은 대부분 뜨악한 표정으로 쳐다보곤 한다. 덥지 않냐는 것이다. 하기야 국궁이 시원한 물속에서 즐기는 스포츠도 아니고, 에어컨 빵빵한 실내에서 즐기는 운동도 아니니, 그렇게 반응할 만도 하다. 실제로 더운 날씨에 한자리에 꼿꼿하게 서 있는 건 쉽지 않다.

그러나 막상 활을 쏘다 보면 거짓말처럼 더위를 잊는다. 활을 들어 가득 당긴 뒤, 과녁과 내 자신에만 집중하다 보면 순간적으로 더위를 잊게 되는 것이다. 그렇게 활을 몇 순 내다 보면 어느새 두세 시간이 훌쩍 지나가 있다.

사실 활쏘기 피서법은 내가 처음 소개하는 것이 아니다. 조선 후기 실학자였던 다산 정약용 선생 역시 피서법으로 활쏘기를 소개했다. 한여름 더위를 이기는 여덟 가지 방법을 정리한 『소서팔사(消暑八事)』에서 '송단호시(松壇弧矢: 솔밭에서 활쏘기)'를 첫 번째로 꼽은 것이다. 나 역시 처음엔 더운 여름에 활쏘기가 무슨 피서법이 될 수 있나고 의문을 품었더랬다. 그러나 무더운 여름철 직접 활을 쏴보니 정약용 선생이 왜 활쏘기를 피서법으로 추천했는지 금세 수긍할 수 있었다.

사시사철 즐길 수 있는 게 활쏘기이지만, 겨울보다는 차라리 여름이 활쏘기를 즐기기에 더 좋은 것 같기도 하다. 겨울철에는 손이 얼기 때문에 활시위를 당기기 쉽지 않다. 연신 히터와 손난로로 손을 녹여가며 쏴야 한다. 더군다나 우리 전통 활쏘기는 시위를 당기는 손에 '깍지'라는 보조도구를 착용해야 하는데, 춥다고 장갑을 끼면 깍지를 착용하는 데 애로사항이 발생한다. 무엇보다 땅이 얼기 때문에 쏘아 보낸 화살이 언 땅에 맞고 부러지기 쉽다는 취약점이 있다.

그에 비해 여름철은 더운 것만 빼면 딱히 활을 쏘는 데 지장이 없다. 과거 태조 이성계는 요동 정벌이 불가능한 까닭을 정리한 '사불가론(四不可論)'의 하나로 "덥고 습하며 비가 내리는 여름 장마철에는 활의 아교가 풀어져 전쟁이 불가하다"고 강변했지만, 그것도 옛말이다. 이는 전통 활인 각궁의 재료로 아교(동물의 가죽·힘줄·창자·뼈 등을 원료로 한 풀)와 어교(민어의 부레를 끓여서 만든 풀)

살짜쿵 활쏘기

등이 쓰인 까닭인데, 요즘은 활터마다 '점화장'이라고 하여 온도와 습도를 적절히 유지해 주는 기구들이 갖춰져 있어서 평소 보관만 잘해주면 한여름에도 실컷 활을 쏠 수 있다. 더군다나 지금은 활터에 현대식 카본 활이 보편화되어 있어서, 딱히 해당 사항이 없는 얘기이기도 하다.

오히려 실내에서 에어컨 바람을 하루 종일 쐬다 보면 냉방병에 걸리기 쉬운데, 이를 예방하기에 활쏘기만큼 좋은 운동이 없는 것 같다. 특히나 내가 다니는 활터는 산속에 있어, 화살을 주우러 가는 길(연전길)이 숲길로 조성돼 있다. 나무 사이로 걷다 보면 체내에 축적된 에어컨 바람의 독기가 빠져나가는 듯한 느낌도 든다.

활터도 폭염주의보를 피해 가진 못한다. 그러나 뜨거운 한여름 더위에도 사대는 늘 만원이다. 궁사들은 이미 알고 있는 것이다. 활쏘기야말로 최고의 피서법이라는 사실을. 여름철 활쏘기와 관련해 정약용 선생이 지은 시 한 수를 소개한다.

양쪽 계단에 나란히 오르면 살그릇 중앙에 있고
오얏은 가라앉고 오이는 뜬 술송이 가득한데

비단 휘장으로 소나무 틈의 햇볕 가렸고

과녁의 베는 밤나무 숲바람에 가득 배가 불렀네.

들에 편 돗자리 길손 맞이하게 더 넓게 펴고

서늘하게 시렁 매어 늙은 곰 하는 짓 배워본다네.

더운 여름도 날짜 보내기 좋으련만

왜 하필이면 추운 겨울에 활쏘기나 과시하려느냐고

모두가 말한다네

「송단호시」(박석무 역, 다산연구소)

살짜쿵 활쏘기

국궁과 양궁의 공통점

2024 파리 올림픽 당시, 효자 종목인 양궁에서의 눈부신 성과에 온 국민이 환호했다. 대한민국 여자 대표팀이 단체전에서 10연패 신화를 달성한 데 이어, 남자 대표팀 역시 단체전 3연패를 달성하면서 다시 한번 양궁 강국의 위상을 드러낸 것이다.

양궁 대표팀의 성취에 나 역시 한 사람의 한국인으로서 뿌듯하고 감격스러웠다. 특히 취미로 활쏘기를 배우고 있기에, 남달리 관심과 애정을 갖고 선수들의 경기를 지켜봤다.

그게 어디 나쁜일까. 파리 올림픽 기간, 활터에 올라갔을 때 모두가 양궁 얘기뿐이었다. 확실히 활 쏘는 사람들이라 그런지, 다들 관심이 그쪽으로 쏠릴 수밖에 없나 보다. 활터 휴게실에 설치된 TV로 양궁 경기를 함께 관람하며, 한마음으로 응원의 목소리를 보내기도 했다.

사실 양궁과 국궁은 쏘는 방법 자세 장비 등 모든 면에서 차이가 크다. 그러나 어쨌든 활쏘기를 수련하는 입장에서 올림픽 양궁 경기를 보고 있노라면 생각보다 공감할 부분이 많다. 생각지 못한 데서 영감을 얻기도 한다.

국궁 수련자로서 올림픽 양궁을 보며 공통점이라 생각한 부분들을 몇 가지 정리해 볼까 한다.

① 손등에 벌이 앉아도 10점을 맞히는 '집중력'

활쏘기를 연마하는 입장에서 올림픽 양궁 경기를 보며 가장 감탄했던 포인트는 선수들의 놀라운 집중력이었다. 수많은 관중들의 시선이 부담스러울 법한데도, 일말의 동요 없이 깔끔하게 발시하는 선수들의 모습은 흡사 로봇처럼 느껴질 정도였다.

특히 남자 단체 준결승전 당시 김제덕 선수가 보여준 집중력은 대단했다. 활시위를 당긴 순간, 갑작스레 날아든 벌이 얼굴과 손등에 달라붙었음에도 전혀 흔들림 없는 모습을 보인 것이다. 김제덕 선수는 그 상황에서도 10점을 득점해 내고야 말았다. 당시 김제덕 선수의 분당 심박수는 80bpm대로 일반 성인이 휴식을 취하는 상태에서 나타나는 평온한 심박수였다 한다.

국궁 역시 고도의 집중력을 요한다. 주변의 시선과 소음은 모든 궁사들의 숙적이다. 예민한 사람들은 옆에서 기침하는 소리, 선풍기 바람조차도 거슬린다며 항의하기도 한다. 나 역시 옆에 선 사람이 내가 쏘는 모습을 지켜보고 있으면 시선이 의식돼 집중력을 잃곤 한다. 그 상태에서 쏜 화살이 과녁을 향해 제대로 날아갈 리 만무하다. 그때마다 옆 사람을 괜히 원망하기도 했다.

그런데 이번에 김제덕 선수를 비롯한 국가대표들의 놀라운 집중력을 보면서, 결국 모든 문제는 내 자신에게 달렸다는 생각을 하게 됐다. 국궁을 하는 사람들이 늘 되새겨야 하는 가르침 중 하나가 바로 '반구저기'다. 올림픽 양궁 경기를 보며 새삼 그 가르침을 떠올렸다.

② 활쏘기의 가장 큰 변수 '바람'

"바람은 계산하는 것이 아니라 극복하는 것이다."

박해일 주연의 영화 〈최종병기 활〉을 통해 유명해진 대사다. 사실 이 말은 어폐가 있다고 생각한다. 바람을 극복하기 위해서는 당연히 계산이 선행돼야 하는 것 아닌가.

활을 쏠 때 가장 큰 변수는 바람이다. 활터에는 풍기가 있는데, 활을 쏠 때마다 바람의 방향을 읽고 계산한 뒤 적절한 조준점을 찾아 겨냥한 후 발시하게 된다. 바람을 제대로 읽는 데 실패한 경우 화살은 어김없이 엉뚱한 곳으로 날아간다.

파리 올림픽에서 선수들을 가장 애먹인 것도 바로 바람이었다. 여자 단체 결승전 당시 남수현 선수의 화살이 8점 표적에 꽂히는 일이 있었다. 그러자 아나운서가 "아, 바람이 불었어요"라며 장탄식을 내뱉었다. 남자 양궁 대표팀 김우진 선수는 먼저 경기를 치른 여자 대표팀 선수들에게 바람이 어떻게 부는지 물어보면서 나름대로 철저하게 전략을 수립했다고 한다.

선수들은 훈련 때도 일부러 거센 바람이 부는 바닷가 근처에서 훈련을 했다고 알려졌다. 여자 단체전 10연패와 남자 단체전 3연패라는 빛나는 성취 뒤에는, 바람을 읽고 계산하기 위한 선수들의 피눈물 나는 노력과 현장에서 바람의 방향을 알려주며 서로를 응원한 팀워크가 있었다.

③ 국가대표가 되기까지의 '노력'

양궁은 "금메달 따는 것보다 국가대표 되는 게 더 힘들다"는 말이 있다. 철저한 경쟁을 통해 실력이 검증된 이들로만 국가대표팀을 꾸리기 때문이다. 2020 도쿄 올림픽 3관왕이자 2022 항저우 아시안게임 여자 단체전 금메달리스트인 안산 선수의 경우도 국가대표 선발전에서 떨어져 파리 올림픽 진출이 좌절된 바 있다. 참고로 국가대표로 뽑히기까지 다섯 차례 선발전에서 쏘는 화살만 4,000개라 한다.

국가대표가 되기 위해 노력한 선수들의 이야기를 들으며 많은 반성을 했다. 사실 나 역시 활쏘기를 무척 즐기지만, 번번이 승급심사에서 떨어질 때마다 슬럼프에서 벗어나지 못한 바 있다. 답답한 마음이 드는 건 사실이다. 그리고 나의 재능 없음을 자주 한탄하곤 한다.

그러나 올림픽 금메달리스트 출신도 탈락이

라는 굴욕을 맛봤고, 국가대표가 되기 위해 4천 발이 넘는 화살을 쏠 정도로 살을 깎는 노력을 한다는 이야기를 접하면서 새삼 스스로가 부끄러워졌다. 나는 그 정도까지의 노력을 기울인 적은 없기 때문이다.

모두가 경기를 보며 쏘는 족족 10점을 맞히는 대표팀의 모습에 환호한다. 그러면서 "역시 우리는 활의 민족"이라고 자부한다. 그러나 활쏘기 DNA가 어디 따로 있겠는가. 그 자리에 오르기까지 선수들의 눈물 겨운 노력이 있었다는 사실을 잊어서는 안 된다.

한 사람의 한국인으로서 국제 무대에서 대한민국의 위상을 떨친 양궁 국가대표팀이 무척 자랑스럽고 고마울 따름이다. 나 역시 그들처럼, 오늘도 활터에 올라가 활시위를 가득 당겨볼 생각이다.

일본 활쏘기 체험

2025년 2월 일본 교토로 짧게 여행을 다녀왔다. 시내를 돌아다니며 관광을 하던 중, 주머니 속 휴대전화가 울렸다. SNS를 통해 교토에 있다는 소식을 접한 지인(국내에서 실내 국궁체험장을 운영하고 있다)으로부터 메시지가 날아와 있었다. 교토에 역사가 오래된 궁도체험장이 있으니 꼭 한번 가보라는 것. 안그래도 국궁 수련자로서 일본에 온 김에 일본의 전통 활쏘기(궁도)를 체험해 보고 싶은 마음이 굴뚝같았다. 그러나 막상 가려니 궁도장이 당최 어디에 있는지, 일반인도 이용 가능한지 아무런 정보가 없어 포기한 상태였다. 그러나 역시 활과는 떼려야 뗄 수 없는 운명이었던지, 생각지 못한 데서 동아줄이 내려온 것이다. 주소를 찍어보니 마침 내가 있는 곳에서 그리 멀지 않았다. 일정상으로도 여유가 있었기에, 궁도장 방문을 오후 일정에 추가했다. 그리고 영업시간이 종료되기 전 서둘러 궁도장으로 길을 잡았다.

내가 방문한 '엔잔대궁장(園山大弓場)'은 교토 시내 한복판에 자리하고 있었다. 야사카 신사(八坂神社) 바로 옆에 위치한 작은 건물이었다. 에도시대인 1862년에 문을 열었다고 하니, 2025년 기준으로 그 역사가 무려 160여 년에 이르는 셈이다.

궁도장에 들어서니 일본 활들이 줄지어 세워져 있고, 딱 봐도 오래돼 보이는 낡은 현판이 상단 벽면을 장식하고 있었다. 그 아래로는 사람들의 이름이 새겨진 종이 명단이 나란히 걸려 있었다. 방문객들 중 활을 잘 쏴서 상위권에 들게 되면 이렇게 명부를 작성하여 걸어둔다고 한다. 놀라운 것은 개중에 한국인들도 있었다는 사실. 세계적 양궁 경기에서 금메달을 휩쓰는 한국인들의 활쏘기 DNA는 어딜 가나 빛을 발하는 모양이다.

엔잔대궁장은 예약제로 운영되지만 사람이 없을 경우에는 예약 없이도 이용 가능하다. 다행히 내가 방문했을 때는 아무도 없어 바로 이용할 수 있었다. 인상 좋은 주인아주머니의 친절한 안내를 받아 본격적인 체험에 돌입했다.

살짜쿵 활쏘기

체험 비용은 16발에 2,700엔이지만 궁도 경험자는 1,900엔으로 할인해 주었다. 경험이 없는 초심자의 경우 지도에 따른 비용이 발생하기 때문이다. 비록 궁도는 아니지만 나 역시 한국에서 국궁을 연마하고 있다고 하고 할인가로 활을 쏠 수 있었다. 참고로 엔잔대궁장의 체험 비용은 한국의 국궁체험 비용과 비교하면 저렴하다고 할 수는 없다.

한국에서도 국궁을 체험할 수 있는 공간이 제법 있는 편인데 비용은 천차만별이다. 충남 아산 현충사의 경우 관람객을 대상으로 무료 활쏘기 체험 코너를 운영하고 있다. 서울 황학정 국궁전시관에서 운영하는 활쏘기 체험은 유료이다. 개인이 운영하는 실내 국궁체험장들의 경우도 엔잔대궁장에 비하면 저렴한 편이다.

엔잔대궁장의 신기한 특징은, 활을 '앉아서' 쏘게끔 되어 있다는 점이다. 한국 국궁장에서는 서서 활을 쏘는 게 원칙이고, 앉아서 쏘는 등의 방식은 공식적으로는 허용되지 않기에 이것 역시 신선한 경험이었다. 과녁까지의 거리는 14m로 145m에 이르는 국궁의 표준 사거리에 비하면 매우 짧다. 사실 일본 궁도도 한국 국궁처럼 기본적으로 서서 쏘는 것으로 알고 있다. 그런데 엔잔대궁장 홈페이지 설명에 따르면, 이곳은 에도시대부터 기사(騎射: 말타며 활쏘기) 연습장으로 출발했기 때문에 서서 쏘는 입사(立射)를 하지 않는다고 한다. 과거 기사 연습을 위해서 앉아서 활을 쏘던 원칙이 그대로 남아 전해지는 듯했다.

잠깐 일본 활의 특징을 짚고 넘어가 보자. 일본 활은 화궁(和弓)이라 부르는데 기본적으로 2m가 훨씬 넘는 장궁(長弓)이다. 1m 내외에 불과한 우리 활에 비하면 두 배에 달한다. 일본 활이 이렇게 긴 형태로 발전한 데는 자연환경의 영향이 크다고 한다. 일본의 풍토상 대륙 계통의 동물성 재료를 구하기도 어렵거니와, 고온다습한 기후 탓에 동물성 재료로 활을 만들면 망가지기 쉬웠다는 것이다.

하여 일본에서는 어디서나 쉽게 구할 수 있는 대나무와 목재를 결합하는 방식으로 활을 만들어왔는데, 이런 방식으로는 탄성이 약할 수밖에 없었고 이를 극복하려다 보니 결국 자연스레 긴 형태가 되었다는 설명이다.*

참고로 우리의 전통 활인 각궁은 참나무, 산뽕나무 등 여러 종류의 나무와 소힘줄, 물소뿔 등 전혀 다른 성질을 지닌 재료들을 결합하여 만들었다. 활의 탄성을 강화해 주는 여러 재료를 결합해 만들었기에 일본 활에 비하면 작지만 단단하다.

"맛스구(真っ直ぐ, 똑바로)!"

한 발 한 발 쏠 때마다 주인아주머니가 계속 외쳤다. 활채를 옆으로 기울이지 말고 수직으로 곧게 세워서 쏘라는 것이다. 참으로 난감했다. 우리 활은 옆으로 살짝 기울여 쏘는데, 몸에 밴 습관 탓에 나도 모르게 자꾸만 활채를 기울여 쏘고 있었던 것이다. 그리고 나의 경우 '고자치기'라고 하여 쏘고 난 뒤 활채를 완전히 눕히는 사법(射法)을 구사하는데, 이런 습관도 일본식 화궁을 쏘는 데는 애로사항으로 작용했다. 긴 활을 앞으로 기울이다 보니, 상단 벽에 자꾸만 활채가 부딪혔던 것

---

* 　일본 활의 형태에 대한 설명은 「일본 궁도(弓道)의 전개과정에 관한 고찰」(김태영·황의룡, 『대한무도학회지』 제23권 4호, 2021)을 참고했다.

이다.

　기존의 습관을 죽인 채 활을 쏘려다 보니 신경이 예민해질 수밖에 없었고 자연스레 몸도 굳어졌다. 무릇 활은 몸과 마음이 편안한 상태에서 쏴야 하는데, 온몸이 경직된 채로 활을 쏘니 화살이 제대로 날아갈 리 만무했다. 조준점을 잡는 것도 쉽지 않았다. 우리 활터에서는 145m 너머의 과녁을 향해 활을 쏜다. 그러나 그에 한참 못 미치는 14m 거리의 과녁을 향해 조준을 하려니 어디를 겨냥해야 할지 좀처럼 감을 잡지 못했다. 얄궂게도 화살은 과녁 주위로만 날아가 박혔다.

　그렇게 정신없이 활을 쏘다 보니 어느새 화살이 다 떨어져 버렸다. 한국에서 활쏘기를 수련한다고 말이나 하지 않았으면 나았을까. 괜히 민망해진 나는 "習慣が怖いですね. 本当に難しいですね(습관이 무섭습니다. 정말로 어렵네요)"를 연발하며 멋쩍은 웃음을 지을 수밖에 없었다.

　짧은 체험이었지만 우리 활의 우수함을 느끼기엔 충분한 시간이었다. 일반적으로 한국의 활이 전 세계 활들 중에서도 특히 우수하다는 이야기를 들을 때마다, 그냥 전통문화에 대한 자부심을 강조하는 차원에서 으레 하는 말이라 생각했다. 그러나 직접 쏴보니 그 말이 과장이 아님을 알수 있었다.

일본 활에 비하면 우리 활은 작고 튼튼하니 휴대하기에도 좋고 통제하기도 수월하다. 그러면서도 탄성은 일본 활보다 훨씬 뛰어나지 않던가. 왜 조선군의 장기가 활쏘기였는지 이제야 알 것 같았다.

체험이 끝난 뒤, 주인아주머니와 이런저런 사담을 나눴다. 그러다 내가 국궁을 하는 모습까지 보여주게 됐는데, 주인아주머니는 과녁까지의 거리가 145m라는 말에 놀라며 "스고이(すごい, 대단하다)"를 연발했다. 뿌듯함과 자부심이 느껴지는 순간이었다.

사실 우리 활의 우수함을 느낀 게 이번이 처음은 아니었다. 과거 중국을 방문했을 당시 중국의 전통 활쏘기를 체험해 볼 기회가 있었다. 중국의 활 역시 일본 활 못지않게 크고 무거웠다. 그러나 날렵하고 강한 우리 활을 경험해 봤던 입장에서, 중국 활은 여간 불편한 게 아니었다. 그때도 나는 우리 활의 뛰어남을 실감한 바 있다.

이제 한중일 삼국의 모든 활쏘기를 체험해 본 입장에서 나는 한국의 전통 우리 활, 우리 활쏘기야말로 한국인들이 자부심을 가져도 좋을 귀중한 문화유산이라 생각한다. 이런 훌륭하고 우수한 활을 개발하고 만들어왔던 우리 선조들의 지혜가 놀라울 따름이다. 부디 많은 이들이 우리 활과 활쏘기의 소중함을 깨닫고 이를 계승하려는 노력에 동참했으면 하는 바람이다.

일본 여행 가서 일본 활을 체험하려면

한국에서 일본 궁도를 체험하기는 쉽지 않다. 그러므로 일본 교토에 가게 된다면 한 번쯤 궁도장을 방문하여 체험을 해보는 것도 신선하고 즐거운 경험이 될 것이다. 주인아주머니의 친절한 지도와 서비스 역시 매우 인상적이다. 활을 쏘는 동안 고객의 자세를 영상으로 촬영한 뒤 즉석에서 이메일로 전송해 준다.

엔잔궁도장(園山大弓場)

주소	일본 〒605-0073 Kyoto, Higashiyama Ward, 円山 公園北林 (구글맵)
영업시간	10시~19시 (12~13시 점심시간)
	*오전 방문은 주말에만 가능
연락처	+81 75-561-3568
	(예약제, 단 14세 이상만 체험 가능)
홈페이지	daikyujyo.com

살짜쿵 활쏘기

활친자의 꿈

기나긴 방황 끝에 마침내 다시 활을 잡았을
때, 나는 비교적 여유가 있는 편이었다. 금전적 여
유가 아닌, 시간적 여유 말이다. 당시 전업 대학원
생으로서 석사과정을 막 수료한 시점이었기에 당
분간은 수업에 대한 부담으로부터 해방이었다.
물론 졸업을 위한 논문이 남아 있었지만, 어쨌거
나 매주 수업을 들어야 하는 것은 아니었기에, 오
히려 시간적 여유는 더 있었다. 활쏘기를 즐기기
에 더할 나위 없이 좋은 환경이었달까.

그래서 한창 활을 배울 무렵, 일주일에 삼사
일 이상은 꾸준히 활터에 나갔다. 젊은 녀석이 매
일같이 활터에 출석 도장을 찍고 있으니, 사정을
잘 모르는 어르신들은 볼 때마다 "직업이 뭐냐"고
묻기 일쑤였다.

활터에 자주 오다 보니 과녁에 적중하는 빈도

가 늘고, 점점 더 재미가 붙기 시작했다. 집에 있으면 항상 손이 근질근질했다. 마음 같아선 매일 활터에 나가고 싶었다. 하지만 어쨌거나 논문을 써야 하는 학생이 매일 활터에 간다는 건 부담스러운 일이고, 한창 일하고 공부해야 할 나이에 활터에 눌러앉아 있는 것도 남들 보기에 민망할 듯하여 주 3일 정도의 습사를 유지했다.

활을 배운 뒤로 내 삶에 크고 작은 변화가 생겼다. 집돌이였던 내가 "방랑벽이 있다"는 말을 들을 정도로 전국 방방곡곡 여행을 다니는 취미가 생긴 것이다. 그냥 여행을 다니는 게 아니라 활과 함께하는 여행이다. 이순신 장군의 한산대첩이 있었던 통영으로, 태조 이성계의 황산대첩이 있었던 남원으로 열심히 쏘다니며 그곳에 있는 활터에서 활쏘기를 즐겼다. 자연스레 그 지역에 깃든 선조들의 웅혼한 기상을 느끼며 호연지기를 기를 수 있었다.

그 모든 기록을 영상으로 기록하기 위해 '好武善弓 호무선궁'이라는 이름의 유튜브 채널도 열었다. 전문 유튜버가 아니기에 구독자 수가 많지는 않지만, 전국 방방곡곡에서 즐기는 활쏘기를 기록하는 의미도 있고 미약하게나마 조금씩 올라가는 구독자 수도 일상의 소소한 즐거움이다. 2022년 11월에는 서울 동작구의 한 도서관에서 내가 만든 활쏘기 영상들로 상영회를 개최하는 특별한 경험까지 했다.

어쩌면 그때가 제일 행복했던 시절이 아니었을까. 박사과정에 진학하면서 활터 출석이 힘들어졌기 때문이다. 써도 써도 끝이 없는 '발제지옥'의 늪에 빠지게 되면서, 어찌 보면 직장인들보다도 활터에 한 번 올라오기가 쉽지 않았던 것 같다. 공부하느라 바쁘다는 핑계로 활터에 나오는 횟수가 줄어드니 친한 접장님 한 분은 "활터에 와서 공부하라"고 조언하기도 했다. 그게 말처럼 쉽나. 막상 시도해 보니 활 쏘는 데 정신이 팔려 책 한 줄 읽기 쉽지 않았다.

차라리 가깝기라도 하면. 지금 내가 소속된 공항정 활터도 그렇게 먼 거리는 아니지만, 편도 한 시간 가까이 소요된다. 가는 과정도 꽤 복잡하다. 버스 두 번, 지하철 한 번을 타야 한다. 대중교통을 이용해야 하니 출퇴근 시간에는 활터에 갈 엄두조차 내지 못한다. 그러니 오며 가며 버리는 시간까지 생각하면 활터 한 번 가는 게 부담이었다.

그렇게 좋아하던 활쏘기를 자주 못 하니 어느 날은 답답한 마음이 들었다. 활터에 자주 못 가는 만큼, 한창 상승세를 타던 시수도 조금씩 떨어지기 시작했다. 좀 더 많은 시간이 허락된다면 더 가열차게 습사를 즐길 수 있었을 텐데. 마냥 한가하게 활만 쏘고 있을 처지가 못 되니 아쉽고 답답할 따름이었다.

그래서 나는 가끔은 집 뒷산을 보며 '이곳에 활터가 있었더라면…' 하는 쓰잘데기 없는 상상도 해보곤 했다. 그랬다면 정말 '밥 먹듯이' 활터에 출석 도장을 찍지 않았을까. 아침에 일어나서 간단하게 습사를 즐기고 내려와 일과를 보내고, 다시 저녁에 올라와 마무리 습사를 하는 일상을 1년 365일 즐길 수 있다. 생각만 해도 행복한 일상이 아니던가.

실제로 한창 국궁을 배우기 시작할 무렵, 뒷산의 인적이 드문 곳에 간이 과녁을 만들어놓고 근거리에서 활쏘기 연습을 한 적도 있다. 그러나 애로사항이 많았다. 10m도 안 되는 짧은 거리에서 약한 파운드의 활로 습사를 한 거라, 일반 활터에서 즐기는 145m 활쏘기와는 그 맛이 비교조차 되질 않았다. 무엇보다 바위 등 장애물들이 많아 화살이 조금이라도 빗나갈 경우 바로 박살이 나는데, 그렇게 소비되는 화살값을 감당할 금전적 여유도 없었다.

이런 상상을 하다 문득 정신을 차려보니 내가 다니는 활터 근처 원룸을 알아보고 있었다. 아, 나도 어지간히 미친놈이지 싶었다. 그야말로 활친자(활에 미친 자)가 아닌가. 접장님 한 분께 "매일 활 쏘고 싶어서 활터에 텐트 치고 살까도 고민해봤다"고 했더니 그분은 정말 '뭐 이런 놈이 다 있지' 하는 표정으로 나를 바라보았다.

살면서 무언가에 이렇게까지 중독에 가까울 정도로 미쳐 있었던 일이 얼마나 될까. 한때 중국 무협영화에 푹 빠져 오랜 시간 중국무술에도 심취했었지만, 활쏘기만큼 질리지 않는 운동은 처음이다. 내게 있어 활쏘기는 그야말로 마약 같은 존재다. 145m 너머 과녁으로 화살을 날려 보낼 때의 시원함, 마침내 과녁에 맞을 때의 쾌감은 겪어보지 않은 사람은 절대 모른다.

한편으로 난 참 행복한 사람이란 생각도 든다.

죽을 때까지 내가 하고 싶은 게 뭔지 모르고 살아가는 사람도 많다던데. 이렇게 무언가에 미쳐 있다는 건 행복한 일 아닐까. 적어도 나는 활쏘기가 있어 인생이 우울하거나 지루할 새가 없으니까. 활을 오래오래 쏘고 싶어서라도 건강하게 장수하고 싶다는 생각을 한다. 가끔은 '교통사고가 나서 팔 한쪽이 없어지면 어떡하지?' 이런 쓸데없는 걱정을 해본 적도 있다. 인생의 가장 큰 즐거움 중 하나가 활쏘기인데, 활을 못 쏘는 순간이 온다면… 그때야말로 살맛을 잃지 않을까?

아무튼 그래서 나는 활터 근처에 사는, 그야말로 '활세권'에 사는 사람들이 늘 부러웠다. 나중에 졸업하고 취업을 하게 되면, 활터 근처에 직장을 잡고 싶다는 바람도 품어봤다. 이런 간절한 마음을 하늘도 알아준 걸까. 꿈은 생각보다 빠르게 이뤄졌다. 충남 천안의 활터 천안정(天安亭)에서 멀지 않은 곳에서 직장 생활을 하게 된 것이다. 더군다나 직원 숙소도 그곳에 함께 있어, 활터 근처에 살고 싶다는 꿈을 드디어 이뤘다. 말 그대로 '꿈의 직장'에 들어간 셈이다.

입사 직후 활과 화살통을 메고 두근거리는 마

음으로 활터를 찾았다. 천안정은 이름 그대로 맑은 구름과 탁 트인 풍경이 인상적인 곳이었다. "근처에서 근무를 하게 되어 앞으로 자주 오고 싶다"고 하니 천안정 사원들은 언제든 편하게 와서 활을 쏘고 가라며 배려해 주셨다. 심지어 활과 화살을 보관할 수 있는 공간까지 선뜻 내어주는 게 아닌가.

그렇게 사원들과 어울려 첫 순을 냈다. 이곳은 쏘는 족족 맞히는 고수들이 득실득실한 곳이었다. 세상은 넓고 활 앞에서는 언제나 겸손해야 한다는 사실을 새삼 깨달았다. 이곳에서 또 한 번 나의 활 공부가 시작될 것임을 직감했다. 그리고 활로써 맺어진 새로운 벗들과의 인연이 시작될 것이라는 사실도.

막상 취직하니 생각했던 것처럼 실컷 활을 쏘지는 못하고 있다. 그래도 활터 근처에서 산다는 게 얼마나 행복한 일인지. 마음만 먹으면 언제든 활터에 갈 수 있으니 말이다. 평일엔 천안에서, 주말엔 서울에서. 대학원생 시절보다 오히려 활을 자주 낼 수 있게 된 것도 사실이다. 어쨌든 활친자의 꿈을 이뤘으니, 역시 나는 행복한 사람이 맞다.

재밌는 것은 내가 애지중지하는 각궁 2호가 바로 천안에서 만들어진 '천안 활'이라는 점이다. 이쯤 되면 결국 나는 천안으로 올 운명이었나 싶기도 하다.

나는 벌써 새로운 꿈을 꾸고 있다. 바로 사내 국궁 동호회를 만드는 것이다. 이 또한 불가능한 꿈은 아닐 거라 믿는다. 역시, 나는 활과 떼려야 뗄 수 없는 운명인가 보다.

살짜쿵 활쏘기

3장

이순신과 나

이순신의 활쏘기

어릴 적 TV드라마 〈불멸의 이순신〉을 보면서 "나도 나중에 이순신 장군과 같은 훌륭한 영웅이 되고 싶다"는 꿈을 품었더랬다. 이순신을 너무 사랑하고 존경한 나머지 중학생 시절부터 『난중일기』를 비롯한 이순신 관련 서적을 닥치는 대로 읽었고, 방학 때만 되면 아산·여수·통영·사천·해남 등 이순신의 발자취가 남아 있는 곳을 열심히 누볐다.

그를 너무 흠모한 나머지, 그의 취미마저도 닮고 싶었다. 내가 국궁을 시작하게 된 여러 이유 중 하나이다. 실제로 『난중일기』를 보면 이순신 장군은 주로 동료 장수들과 장기·바둑을 두거나 활쏘기로 여가를 보냈다고 나온다. 그중에서도 가장 큰 비중을 차지하는 건 역시 '활쏘기'였다. 그렇다면 실제로 이순신 장군은 얼마나 활을 자주 쏘았을까? 『난중일기』를 읽다 보면 자주 마주하는 구절이 있다.

"出東軒公事後射帿(출동헌공사후사후, 동헌에 나가 공무를 본 뒤에 활을 쏘았다)."

출근하여 업무를 처리한 뒤, 활쏘기로 하루를 마감하는 것이 이순신의 일상이었다. 한 연구*에 의하면,『난중일기』에는 활쏘기와 관련된 기록이 총 264회 등장하는데, 임진왜란 기간을 2,539일로 환산하면 대략 열흘에 한 번꼴로 활쏘기(습사)를 즐긴 셈이라 한다.

얼핏 '생각보다 활을 자주 쏘지는 않았네?'라고 생각할 수도 있지만, 출동 기간에는 일기를 거의 쓰지 못했다는 점을 생각해 보면, 누락된 날짜에도 습사를 진행했을 가능성을 배제할 수 없다. 전투와 공무 등으로 정신없이 바빴을 장군의 일과를 생각하면, 거꾸로 그 바쁜 와중에도 습사를 게을리하지 않았다고 해석할 수도 있지 않을까.

---

*   진윤수·안진규·송일훈, 「Thorndike의 학습이론을 적용한 忠武公 李舜臣의 활쏘기 훈련법」,『한국체육학회지』47권 2호, 2008.

이순신은 보통 한 번에 10순(50발) 정도 활을 쏘았다. 그러나 습사량은 그때그때 달랐다. 적게는 3순(15발)을 쏜 적도 있고 많게는 30순(150발)까지도 습사를 한 기록이 보인다. 건강이 좋지 않았던 시기에는 활쏘기에 대한 언급이 없는 것으로 보아 몸의 컨디션에 따라 습사량도 천차만별이었던 것으로 보인다.

다만 하루에 30순까지 쐈다는 기록은 놀랍다. 보통 건장한 성인 남성도 8~9순 내외로 습사를 하고 나면, 아무리 쉬엄쉬엄 쏜다고 해도 슬슬 팔 힘도 빠지고 집중력도 떨어져서 시수를 유지하기 쉽지 않기 때문이다. 어깨 등에 무리가 오는 건 당연한 일이다. 그런데 30순이라니. 더군다나 조선시대 장수들이 썼던 군용 활은 지금 현대인들이 쓰는 취미용 활과 달리 장력이 훨씬 센 강궁이었다고 하니, 이순신 장군은 체력도 범상치 않았을 것으로 짐작된다.

이순신의 활 솜씨는 어땠을까. 임진년(1592) 3월 28일 자 일기에 "활 10순을 쏘았는데 5순은 모조리 맞고, 2순은 네 번 맞고, 3순은 세 번 맞았다"(射帿十巡, 則五巡連中, 二巡四中, 三巡三中)는 기록이 있어 그의 활 솜씨를 짐작해 볼 수 있다. 1순에 5발이니 계산하면 이순신은 50발 중 42발을 맞힌 것이다. 이 정도면 신궁(神弓)으로 역사에 기록된 태조 이성계나 정조의 수준에는 미치지 못해도, 명궁(名弓)이라 불려도 손색없을 솜씨라 볼 수 있다.

이순신은 자신의 활 솜씨에 자부심도 있었던 것 같다. 평소 동료 장수들과 습사를 즐겼던 이순신은 전라우수사 이억기와 습사 후 일기장에 이렇게 썼다.

"전라우수사 이억기와 활을 쏘았다. 그의 모양이 형편없으니 우습다."(與右水伯射帿, 不成模樣, 可笑)_계사년(1593) 3월 17일

이억기 역시 무과급제자 출신으로 이순신과 어깨를 나란히 하던 수군 최고지휘관이었다. 전장에서 밥 먹듯이 활을 쐈을 이억기의 활쏘기를 형편없다고 비웃을 정도라면 이순신의 활 솜씨는 당대 장수들과 견줘서도 상당히 출중했음을 짐작게 한다. 재밌는 것은 경상우수사 원균에 대한 기록이다.

"경상수사(원균)가 활 쏘는 군관들을 거느리고 우수사(이억기)가 있는 곳에 갔다가 크게 지고 돌아갔다고 한다."(慶尙水伯, 領射官到右水伯處, 大負而歸云)_갑오년(1594) 6월 14일

앞서 이순신은 이억기의 활 솜씨가 형편없다고 비웃었는데, 원균은 그 이억기에게조차 지고 돌아왔으니 얼마나 솜씨가 형편없었던 걸까. 이를 뒷받침하는 이순신과 원균의 '습사 대결'이 3개월 뒤에 벌어진다.

"활쏘기를 하였는데 원 수사가 9분(점)을 지고 술에 취해서 갔다."(射帳元負九分, 乘醉而去)_갑오년(1594) 9월 4일

요컨대 이순신은 조선수군 연합함대를 구성하고 있던 전라좌수영·전라우수영·경상우수영의 지휘관들 중 가장 활 솜씨가 뛰어났던 것으로 보인다. 이러한 그의 활 솜씨는 『난중일기』에서 확인할 수 있다시피, 전란 중에도 쉼 없이 습사를 하며 수련을 게을리하지 않은 덕분일 것이다.

활쏘기에 진심이었던 이순신은 자식들의 활 쏘기도 직접 지도했다. 『난중일기』 병신년(1596) 8월 21일 자 일기에는 "식후 활터에 가서 아들들에게 활 쏘는 연습을 시키고 말 달리며 활 쏘는 것도 시켰다"(食後, 坐射亭, 令豚輩射習, 且馳射)는 기록이 등장한다.

군의 지휘관으로서 당연히 휘하 장졸들에게도 습사를 독려했다. 이순신은 장졸들을 대상으로 한산도 활터에서 편사(활쏘기 대결)를 열곤 했는데, 내기에 진 편이 술과 떡을 준비하여 모두가 배불리 먹었다고 한다. 군사들로 하여금 활쏘기를 지루하고 괴로운 훈련이 아니라, 흥미와 사기를 불러일으킬 수 있는 유희로 인식하게 만들었다는 점에서 이순신의 탁월한 리더십을 엿볼 수 있다.

적극적인 활쏘기 훈련 덕분에 다른 부대들과의 편사가 열리면 이순신 휘하의 장수들이 이겼다는 기록이 종종 등장한다. "명장 밑에 약졸 없다"는 말도 있지 않던가. 최고지휘관이 활을 잘 쏘니 부하들도 자연히 분발하지 않을 수 없었으리라. 이순신의 뛰어난 활 솜씨는 부하들을 이끄는 강력한 리더십의 원천이었다.

활을 들고 통영으로 떠나다

대학생이던 2012년 초, 아버지와 단둘이서 정읍-순천-여수-남해-사천-통영-거제-부산으로 이어지는 '남해안 대장정'을 떠났다. 이순신을 찾아 떠난 여행이었다. 그분의 발자취가 남아 있는 남해안 일대를 답사하는 것은 중학생 때부터 꿈꿔왔던 나의 오랜 버킷리스트였다.

여행 3일 차에 통영 한산도(閑山島)에 도착했다. 임진왜란 당시 이순신 장군이 최초의 삼도수군통제영을 설치한 곳. 세계 해전사에 빛나는 한산해전의 현장. 장군의 지휘소가 있었던 제승당(制勝堂) 일대를 구석구석 둘러보며 감회에 젖던 중, 문득 발걸음을 멈춘 곳이 있었다. 바로 '한산정(閑山亭)'이라는 이름의 활터였다.

"이곳은 이순신 장군이 진중에 계실 때 틈틈이 활

을 쏘셨던 곳으로, 배를 타는 수군이 방향감각을 익힐 수 있도록 바다를 사이에 두고 과녁을 설치한 매우 과학적인 활터라고 할 수 있다. 이곳에서 활을 쏘는 듯한 제스처를 취해보았으나, 실제로 국궁을 배워본 적이 없어 아쉽기만 하다. 내 소원은 언젠가 활을 제대로 배워 이곳에서 이순신 장군을 생각하며 활을 쏴보는 것이다."_당시 블로그에 남긴 내 일기 중

이순신 장군이 실제로 활을 쐈던 곳에서 활을 쏘면 얼마나 뿌듯할까. 생각만 해도 흥분이 됐다. 중학생 시절 〈불멸의 이순신〉을 보며 국궁에 대한 로망을 처음 품었더랬다. 이때 한산도 활터를 찾은 나는 '언젠가 이곳에서 활을 쏘리라'는 보다 구체적인 버킷리스트를 추가하고 돌아왔다.

2021년 본격적으로 국궁을 시작하면서, '활을 배우겠다'는 첫 번째 목표는 이뤘다. 그리고 두 번째 목표를 이루기 위해, 2022년 가을 활 가방 하나 둘러메고서 무작정 한산도로 떠났다. 1박 2일의 짧은 여정이었다.

사실 이때 한산도로 갑자기 떠난 건, 대학원

석사 졸업 후 이어지는 학술 발표에 대한 압박과 진로 문제에 대한 고민으로 우울하고 답답한 나날을 보내고 있었기 때문이다. 밤새 번민에 휩싸여 혼술을 하다 이대로 가만히 있으면 더 깊은 수렁에 빠질 것만 같아서, 즉흥적으로 통영행 티켓을 끊었던 것.

통영을 고른 이유는 그해 여름에 본 영화 〈한산: 용의 출현〉 때문이었다. 관객수 700만을 돌파할 정도로 인기가 대단했는데, 어릴 적부터 이순신 장군을 흠모했던 나 역시 너무나도 재밌게 봤다. 그렇기에 영화 〈한산〉의 감흥이 희석되기 전에 영화 속 배경이 된 장소, 통영을 한번 찾아야겠다 벼르고 있던 차였다. 무엇보다 '한산정 활터 습사'라는 두 번째 버킷리스트를 얼른 달성하고 싶었다.

그렇게 서울에서 네 시간을 달려 남쪽 바다 통영에 도착했다. 꼭 10년 만에 다시 찾는 통영이었다. 영화의 여파로 관광객들이 바글바글할 줄 알았던 통영은 연휴 직전이라 그런지 너무나도 한산했고, 덕분에 조용한 분위기에서 스스로를 돌아볼 수 있었다.

통영에 도착하자마자 삼도수군통제영이 자리

하고 있던 '세병관(洗兵館)'을 찾았다. 매표소 직원의 안내로 알게 된 사실. 이곳 역시 영화 〈한산〉의 촬영지였다고 한다. 영화 초반, 번민에 휩싸인 이순신(박해일 분)이 야밤에 홀로 습사를 하던 장면을 바로 세병관 앞에서 찍었다고. 이곳에서 빈 활을 당겨보니 잠시나마 '통제영 궁수'가 된 듯한 착각이 들었다.

세병관을 나와 남망산 기슭에 위치한 '열무정(閱武亭)'이라는 활터를 찾았다. 예로부터 열무는 왕이 친히 군대를 사열한다는 뜻으로 쓰였는데, 그 이름부터가 의미심장했다. 제일 인상적이었던 것은 바로 활터 풍경이었다. 활터에 오르니 과녁 옆으로 바다가 넓게 펼쳐져 있었다. 한산해전이 벌어진 바로 그 현장을 옆구리에 끼고 있다. 과녁 옆으로 한산도가 보이니 이보다 더 경치가 좋을 수가 없다. 역사적 의미는 말할 것도 없고.

"서울에서 내려왔습니다. 같이 활 좀 내도 되겠습니까?"

습사 중이던 열무정 사원 분들에게 인사드리니 다들 반가워하면서 자리 하나를 내주었다. 그렇게 열무정 사원들과 어울려 몇 순을 냈다.

이순신의 고장에 산다는 자부심이 있어서일

살짜쿵 활쏘기

까. 모두가 활의 고수였다. 쏘는 족족 관중이다. 반면 나는 엉뚱한 과녁에 살을 날리고, 활 시위에 뺨을 맞는 등 평소 해본 적 없는 실수를 해서 부끄러웠다. 아마 내가 통제영 궁수였다면 장군님께 곤장을 정말 많이 맞았으리라.

실제로 열무정은 이순신 장군의 후예라는 자긍심을 품고 있는 공간이었다. 정간(正間: 활터 중앙에 걸어두는 나무패) 옆에 이순신의 영정을 모셔두고 있는데, 사원들은 등·퇴정 시 늘 장군의 영정에 절을 올린다고 한다. 열무정 사원 한 분은 "우리는 이순신 장군이 늘 등 뒤에서 지켜보고 있다고 생각하고 활을 낸다"고 자랑스럽게 말했다.

열무정에서 만난 또 다른 사원 분은 영화를 보고 이순신의 흔적을 쫓아 통영까지 내려왔다는 사실에 깜짝 놀라며 반가워했다. "요즘 갈수록 역사에 대한 관심이 줄어들고 있는데 더 많은 젊은이들이 이렇게 찾아와서 이순신 장군의 정신을 배워 갔으면 좋겠다"라면서.

이튿날, 배를 타고 드디어 한산도로 건너갔다. 최초의 삼도수군통제영이 위치했던 '제승당'이 이곳에 있다. 1593년 삼도수군통제사로 부임한 이순신은 이곳에 통제영을 설치했는데, 당시 집무실로 쓰인 건물이 바로 운주당(運籌堂)이었다. 정유재란 당시 운주당 건물은 소실됐고 영조 15년(1739)에 와서야 이 자리에 다시 건물을 세우면서 이름을 제승당으로 명명했다 한다.

제승당을 지나 드디어 한산정에 섰다. 한산정 활터는 사대와 과녁 사이에 바다가 흐르는 독특한 구조다. 배 위에서 싸우는 수군의 특성을 고려해 밀물과 썰물의 차를 이용한 습사가 가능하도록 일부러 바다를 끼고 조성했다 한다. '조선수군 실전훈련용 활터'인 셈이다. 『난중일기』에는 이곳에서 부하들과 활 내기를 한 뒤, 진 편에서 떡과 술을 마련해 다 함께 즐겼다는 기록이 등장한다.

두근두근하는 마음으로 한산정을 찾았지만, 결과적으로 한산정 습사 미션은 실패로 끝났다. "한산정에서 활을 좀 내도 되겠느냐"고 문의하자 제승당관리사무소 측은 "여긴 사적지라 엄연히 절차가 있다"며 습사를 하고 싶으면 미리 예약하고 이용료도 지불해야 한다고 했다. "여럿이 온 건 봤어도 혼자서 활 쏘겠다고 온 사람은 처음"이라며 당혹스러워하는 눈치였다. 한산도 활터는

살짜쿵 활쏘기

사적지라 일반 국궁장처럼 자유롭게 이용할 수 있는 곳이 아니었다. 사전에 미리 경상남도청 허가를 받아야 하는데, 그 절차가 상당히 까다로웠다. 아쉽지만 다음을 기약하며 발걸음을 돌릴 수밖에 없었다. 아쉬운 대로 장군이 활을 냈을 사대에 서서 빈 활이라도 당겨보며 장군의 기운을 마음껏 받아 가고자 했다. 그냥 그 자리에 서서 활을 당겨본 것만으로도 감회가 새로웠다.

1박 2일의 짧은 여행이었지만, 그리고 한산도 습사는 실패로 돌아갔지만, 내게는 참 특별한 추억을 남긴 여행이었다. 어쨌든 한산대첩의 현장을 바라보며 활을 쐈고, 한산도에서 빈 활이라도 당겨보며 이순신 장군을 생각하는 시간을 가질 수 있었기 때문이다.

제승당을 떠나기 전, 장군의 영정이 모셔진 사당(충무사)에 참배하고 내려오는데, 영정 속 장군의 눈빛이 형형했다. 마치 열심히 살라고 장군께서 꾸짖는 듯한 느낌도 들었다. 장군께 열심히 살겠노라 다짐하고 물러나왔다. 그렇게 한산도는, 앞으로도 내가 힘들 때마다 찾게 될, 마음의 안식처가 될 것임을 예고하고 있었다.

한산: 습하의 출현

한산정 습사가 실패로 돌아가고 꼭 1년 뒤인 2023년 8월, 다시 한산정의 문을 두드려보기로 했다. 나는 매년 광복절마다 좀 더 의미 있게 하루를 보낼 수 있는 방법이 없는지 고민하곤 하는데, 그해 광복절에는 항일과 구국의 성지 한산도에서 활쏘기를 통해 이순신 장군을 비롯한 선열들의 호국정신과 상무정신을 기리는 시간을 가져보면 어떨까 하는 아이디어가 떠올랐던 것이다. 그렇게 '광복절 한산도 습사'라는 프로젝트를 추진하면서, 기왕이면 혼자보단 여럿이 함께하며 특별한 경험을 나누면 더 좋지 않을까 싶었다.

마침 박사과정으로 진학한 학교에 국궁동아리가 있어, 나 역시 동아리 멤버로 가입하여 활동하고 있었다. 국궁동아리 학생들과 함께하면 학생들에게도 좋은 추억을 안겨줄 수 있을 듯싶었다. 출발하기 열흘 전, 같이 갈 인원을 구한다는 글을 동아리 단톡방에 올렸다. 그러나 생각보다 인원이 모이질 않은 탓에 서울 지역 다른 대학 국 궁동아리 학생들에게도 홍보를 부탁했다. 그러자 놀라운 결과가 나타났다. 간밤에 올린 글을 보고 하루 만에 광운대, 서울여대 등 여러 대학 국궁동 아리 학생들이 함께하겠다고 나선 것이다. 그렇 게 한산대첩 431주년 및 광복절 기념 습사 프로젝 트를 위해 '습하(습사하고 싶은 사람들 모이다)'라는 모임이 결성됐다. 프로젝트명은 영화 〈한산: 용의 출현〉을 패러디하여 '한산: 습하의 출현'으로 정 했다.

모든 것이 일사천리로 진행되는 듯했으나 생 각지도 못한 벽에 부딪혔다. 제승당 관리사무소 에서 활터 이용에 대해 부정적인 답변을 보내온 것이다.

"이곳은 문화사적지로 아무나 활쏘기를 할 수 없 다. 특히 일반 활터와 달리 안전시설도 갖춰져 있 지 않고, 문화재 훼손 등의 우려도 있기에 지도 사 범 없이 학생들끼리만 와서 습사하는 것은 불가능하다.”

관리사무소에서 요구하는 '지도 사범'의 조건은 '궁도지도자자격증' 소유자를 의미했다. 즉 전문스포츠지도사 1~2급(종목: 궁도), 생활스포츠지도사 1~2급(종목: 궁도), 공인지도자 1~3급(대한궁도협회), 공인 심판 1~3급(대한궁도협회) 중 하나라도 해당되어야 한다는 것이다.

아직 심판은커녕 공인 단증조차 없는 나는 뜻밖의 난관에 봉착하여 '여행 취소'라는 카드를 만지작거릴 수밖에 없었다. 그러나 설렌 마음으로 잔뜩 기대하고 있을 학생들을 생각하니 취소를 통보하기 쉽지 않았다. 어떻게 해서든지 방법을 찾아보기로 했다.

아는 인맥을 총동원해 관리사무소에서 요구하는 조건을 충족할 만한 분을 수소문했고, 그 결과 이번 여정에 함께하게 된 한 국궁동아리 학생의 소개로 대한궁도협회 공인 심판분을 모셔올 수 있었다. 그분을 인솔자로 하는 조건으로 마침내 관리사무소의 허가가 떨어졌다. 이제 떠날 일만 남았다.

8월 14일 아침, 습하 멤버들이 서울 고속버스 터미널에 모였다. 소속 대학이 달랐기에 서로 초면인 학생들도 있었다. 사실 모임을 주최한 나부터도 일면식 없는 멤버들이 많았다. 그러나 광복절 프로젝트라는 특별한 여정을 함께 준비하는 과정에서 이미 끈끈한 관계가 형성된 듯, 어색함을 찾아보기란 어려웠다.

우리는 버스를 타고 장장 4시간 30분을 달려 통영에 도착했다. 한산도는커녕 통영 방문 자체가 처음인 학생들이 많았기에 다들 기대에 부푼 모습이었다.

통영 도착 직후 우리는 첫 방문지로 열무정을 찾았다. 열무정은 한산도 앞바다가 내려다보이는 곳에 위치한 활터였다. 이순신 장군의 영정을 모시고 있을 정도로 이순신의 후예라는 자부심이 가득한 곳이기도 했다. 열무정 사원들의 배려로 우리는 한산도 앞바다를 바라보며 습사를 진행했다. 마침 이날은 한산대첩 431주년이 되는 날이었다. 한산대첩 기념일에 한산해전이 벌어진 바다를 바라보며 활을 쏘니 마치 타임머신을 타고 431년 전으로 돌아가 왜적과 싸우는 조선 수군이 된 듯한 기분이었다. 과녁에 화살이 관중할 때는 왜적의 심장에 화살을 꽂는 듯한 쾌감마저 들었다. 해 저물 무렵까지 활쏘기를 즐긴 습하 멤버들은 밤늦게 숙소로 돌아와 영화 〈한산 리덕스〉를 감상하는 것으로 하루를 마무리했다.

8월 15일 광복절 아침이 밝았다. 활 가방을 멘 채 부푼 가슴을 안고 한산도로 건너가는 배 위에 올랐다. 20분 정도 지나자 한산도가 그 모습을 드러내기 시작했다. 광복절에 한산해전이 벌어졌던 바로 그 바다 위에 서 있다는 사실만으로도 가슴속에서 뜨거움이 올라오는 듯했다. 나는 활을 잡은 채 마치 왜군과 싸우는 조선 수군이 된 스스로의 모습을 상상해 보기도 했다.

우리는 먼저 충무사를 찾아 이순신 장군의 영정에 참배한 뒤, 태극기를 들고 기념 사진을 촬영했다. 이어 제승당 관리사무소 직원의 안내로 한산정 활터에 올랐다.

"활 배우겠습니다."

사대에 선 학생들이 초시례(활을 처음 쏠 때 하는 인사)를 시작으로 차례대로 활을 들어 바다 너머의 과녁을 향해 천천히 시위를 당겼다가 놓았다. '탕' 하는 기분 좋은 소리와 함께 과녁에 화살이 박혔다.

일반 활터의 경우 과녁 및 화살의 손상 방지를 위해 화살이 과녁에 맞고 튕기게끔 설계되어 있다. 대신 과녁 위에 '전등'을 달아, 맞으면 불이 들어오는 것으로 관중 여부를 알려준다. 그러나 제승당 활터는 전등이 없는 대신 과녁에 화살이 박히게끔 되어 있었다. 이 역시 일반 활터에서는 찾아볼 수 없는 특별한 경험이었다.

활터 앞에 세워진 안내판의 설명에 따르면 이순신 장군은 이곳에서 부하들과 습사를 할 때 편을 갈라 내기(편사)를 하면서 진 편이 술과 떡을 준비해 이긴 편에게 대접하곤 했다고 한다. 우리 역시 '살치기(화살 주워 오기)'를 조건으로 서로 편을 갈라 편사를 진행했다.

한산도 활터라는 공간이 갖는 묵직함 때문일까? 아니면 광복절이라는 특별한 날이어서일까? 그 어떤 활터에 갔을 때보다도 학생들 모두 진지한 모습이었다. 특히나 8월 무더위에 에어컨이나 선풍기 하나 없어 땀을 뻘뻘 흘려가면서도 누구

하나 불평불만 없이 활을 쏘는 모습이 인상적이었다.

나 역시 이순신 장군과 휘하 장졸들의 마음을 생각하며 한 발 한 발 일시천금(一矢千金: 화살 한 발이 천금과 같다는 뜻으로 한 발 한 발 신중하게 최선을 다해 쏘라는 뜻)의 자세로 활을 내고자 했다. 신나게 활을 쏘다 보니 어느새 예정된 두 시간이 훌쩍 지나 있었다. 언제 또 올 수 있을지 모르기에 우리는 아쉬운 마음으로 발걸음을 돌려야 했다.

서울로 돌아오는 길에 함께한 학생들에게 이번 습사 여행에 대한 소감을 묻자 "비록 무더위와 바닷바람의 습도가 합쳐져 몸은 힘들었지만 마음은 열정과 희열로 더 뜨겁게 불타올랐던 것 같다", "광복절에 이순신 장군의 길을 따라 걷는다는 취지가 너무나도 특별하고 좋았다", "정비가 잘된 일반 활터와 달리 자연 그대로의 풍경이 인상적이었다"는 답이 돌아왔다. 여행 취지에 공감하고 함께해 준 것만으로도 고마운 일인데, 모두에게 즐거운 경험이었다고 하니 기획자로서 큰 보람을 느꼈다.

하마터면 여행 자체가 무산될 뻔했던 위기도

있었지만 모두가 마음을 모은 결과 광복절이라는 특별한 날, 구국의 성지인 한산도에서 활을 내는 특별한 경험을 하고 돌아올 수 있었다. 개인적으로는 1년 전 실패했던 한산도 습사의 꿈을 마침내 이뤘다는 점에서 뿌듯함을 느꼈다. 한산도 활터에서 바다 너머 과녁으로 힘차게 화살을 날려 보내고 난 뒤, 차오르는 감격에 눈물을 쏟을 뻔했다. 꿈은 이루어진다는 말이 실감났다. 나는 그야말로 성공한 '덕후'였다. 함께한 학생들에게도 특별한 추억을 안겨준 것 같아 보람을 느꼈다.

그리고 이듬해 5월, 나는 "올해도 투어를 추진하면 함께하겠다"는 국궁동아리 학생들의 성원에 힘입어 다시 한번 공항정·한양대·서울여대·광운대 국궁동아리 학생 13명으로 구성된 한산도 습사두어님을 꾸렸다. 처음이라 시행착오가 있었던 첫 번째 투어와 달리 두 번째 투어는 훨씬 일사천리로, 그리고 보다 알차게 진행됐다. 1차 투어를 통해 인연을 맺은 국궁145협동조합 측에서, 국가무형유산 전승공동체 활성화 지원사업의 일환으로 대학생들을 위한 1박 2일 패키지 프로그램을 지원해 준 까닭이다.

이날 한산도 주민들로 구성된 한산정 사원들과 제승당 활터에서의 친선교류전에 이어, 한산도에 새로 문을 연 활터 '한산정(閑山亭)'을 방문했다. 제승당 활터와 이름은 같지만, 제승당에서 차량으로 10분 정도 소요되는 입정포에 조성된 활터로 국궁145협동조합·통영 열무정·경남궁도협회 등 여러 단체들이 매번 육지로 나오기 힘든 한산도 주민들을 위해 마련한 곳이었다. 임시로 조성한 활터이기에, 제대로 된 사무실이나 화장실 등의 편의시설은 당연히 찾아볼 수 없었다. 열악한 환경에서도 이순신 장군의 얼을 계승하겠다는 일념 하나로 활쏘기를 연마하는 한산도 주민들의 열정은 젊은 궁사들에게도 큰 자극과 감동을 안겨주었다.

개인적으로 기쁜 일도 있었다. 이곳에서 오랜만에 '몰기'를 달성한 것이다. 활량들에게 몰기야 언제나 기쁜 일이고 특별한 의미이지만, 이순신 덕후로서 장군의 넋이 깃든 한산도에서 5시 5중에 성공하자 그 사실이 더 감격스러웠다. 당신에 대한 지극한 연모의 정을 안고 한산도까지 내려온 내게 장군님께서 베풀어주신 특별한 선물이라는 생각마저 들었다.

한산도 활터에 서면, 타임머신을 타고 430여 년 전으로 거슬러 올라가 마치 이순신 장군과 함께 활을 쏘는 듯한 착각마저 든다. 누란의 위기에서 나라와 백성을 지켜낸 충무공의 애민정신, 항일구국정신이 느껴져 나도 모르게 가슴이 벅차오르고 코끝이 찡해진다. 이런 감정을 느낄 수 있는 곳은 대한민국에서 한산도 활터가 유일하지 않을까. 그래서 나는 내년에도, 내후년에도 계속해서 '한산도 습사투어'를 추진해 볼 생각이다. 이 벅차고 멋진 감정들을 보다 많은 이들과 공유하기 위해서.

국궁의 성지, 한산도를 꿈꾸며

2024년 10월, 대학생들과의 한산도 습사투어 5개월 만에 다시 한산도를 찾았다. 이번엔 혼자였다. 이런저런 일들로 마음이 번잡하여, 정신을 다잡고자 즉흥적으로 떠난 여행이었다. 물론 활과 함께.

한산도에 가는 건 쉽지 않다. 당시만 하더라도 나는 소위 장롱면허라서 늘 걸어 다니는 뚜벅이 신세였다. 그 탓에 일단 서울에서 고속버스를 타고 네 시간 이상 이동한 뒤, 다시 통영여객선터미널에서 30분 정도 배를 타고 들어가야 했다. 그렇게 한산도에 도착한 날, 제승당터미널에서 목적지인 입정포마을까지 6km 정도 걸리는 거리를 걷기 시작했다. 택시는 당연히 없고, 버스 역시 언제 올지 기약할 수 없었다.

뚜벅이인 나로서는 무작정 걷는 수밖에 없었

살짜쿵 활쏘기

다. 짐가방에 활과 화살통까지 메고 걸으려니 쉽지 않았다. 이렇게 짐을 잔뜩 메고 오래 걸어보는 건 군대 전역 후 오랜만이다. 10년 전 논산 육군 훈련소에서 행군할 때가 마지막이었던 것 같다. 몇십 분 걸었을 뿐인데 가을 날씨가 무색하게도 온몸이 땀범벅이 되고, 발바닥에 물집이 잡혀 힘들었다.

하지만 그래도 좋았다. 걷는 동안 마주친 차가 손가락에 꼽을 정도로, 차도 사람도 드문 조용한 시골 섬이었다. 바다 내음, 흙 내음 맡으며 섬길을 뚜벅뚜벅 걸으니 그 자체로 힐링이 되는 듯했다. 매년 찾는 한산도이지만, 이렇게 두 발로 직접 걸어 섬의 반대편까지 가는 건 처음이었다. 뚜벅이로 걷자 자연히 차로 다닐 땐 보이지 않던 것들이 보였다. 대고포마을, 장곡마을, 창동마을, 입정포마을, 진두마을 등 그 작은 섬에 마을이 몇 개던지. 재밌는 건 마을마다 이순신과 관련된 이야기들이 한가득이었다는 점이다. 과연 한산도는 '이순신의 섬'이었다.

1시간 30분 정도 걸었을까. 중간 목적지인 입정포마을이 나타났다. 입정포(立碇浦)라는 지명은 임진왜란 당시 삼도수군통제영의 전선들이 왜적의 습격에 대비하고 적선을 탐색하기 위해 해역을 초계하던 중 잠시 정박했다는 뜻에서 유래됐다. 입정포에 조성된 한산정 활터에 도착하자마자 짐을 푼 뒤, 습사를 시작했다. 아무도 없어 홀로 활을 쏘면서 한산도의 가을 풍경을 만끽할 수 있었다.

나는 평소 활터에 오르면 두세 시간 동안 8~9순 정도를 쏘고 내려오곤 한다. 서울의 활터들은 사람이 많다 보니 기다리는 텀이 길어질 수밖에 없다. 그러나 이날은 나 혼자였기에 자연스레 활을 쏘는 속도도 빨라졌다. 1시간 동안 10순(50발)가량을 쐈다. 평소보다 과녁의 정곡(정중앙)에 화살이 잘 들어가 기분이 좋았다. 마음 같아선 더 쏘고 싶었으나, 하늘을 보니 어느덧 해가 뉘엿뉘엿 지고 있었다. 아직 갈 길이 멀었기에 어둠이 짙어지기 전에 서둘러 나서야 했다. 그렇게 1일 차 전지훈련을 마친 뒤, 최종목적지인 진두마을에 도착해 숙소에 여장을 풀었다.

이튿날 아침, 입정포 활터에 도착하니 오늘도 사람이 없었다. 사무실에 마련된 이순신 장군

살짜쿵 활쏘기

의 영정에 인사를 드린 뒤, 2일 차 전지훈련을 시작했다. 바다를 끼고 있는 활터에서 영화 〈명량〉 OST를 배경음악으로 튼 채 활을 쏘고 있노라니, 마치 430여 년 전으로 타임머신을 타고 돌아가 조선 수군의 일원으로 전투를 치르는 듯한 착각이 들었다.

"텅! 텅!"

화살이 과녁을 때리는 기분 좋은 소리가 들려올 때마다 희열을 느꼈다. 떠나오기 전 무거웠던 마음이 한결 가벼워지고, 세상사 모든 고민들이 먼지처럼 느껴지기 시작했다. 활 쏘는 사람들은 누구나 공감할 수 있는 활쏘기의 매력이자 묘미다.

그렇게 쉴 새 없이 쏘다 보니 현을 당기는 깍짓손이 퉁퉁 부어오르고, 팔에도 힘이 빠지는 게 느껴졌다. 힘차게 날아가 과녁에 텅텅 맞던 화살들이 언제부턴가 힘을 잃고 과녁 앞에 툭툭 떨어지기 시작했다. 조금 템포를 늦출 필요가 있었다. 잠시 활을 내려놓은 뒤, 가방에서 노트와 붓펜을 꺼내 이순신 장군의 『난중일기』 원문을 필사하기 시작했다. 한산도에서 쓰는 『난중일기』라, 이보다 더 운치 있는 휴식이 있을까. 한 글자 한 글자 장군의 일기를 써 내려가며 나는 이순신 장군과 깊은 대화를 나눌 수 있었다.

그렇게 이틀 동안 도합 30순(150발)가량의 활을 냈다. 더 내고 싶어도 팔에 힘이 빠져서 무리하면 자세가 무너질 것 같았다. 아쉽지만 이제는 활을 내려야 할 때가 온 듯했다. 그런데 평소보다 실컷 쐈음에도 여전히 아쉬움이 남았다. 1년에 한두 번이나 갈까, 아무래도 자주 올 수 없는 곳이기에 유달리 발걸음이 떨어지지 않았던 것 같다.

"활 진짜 좋아하는가배?"

한산정 정소란 사무국장이 나를 보자마자 한 말이다. 매년 이렇게 한산도를 찾다 보니 이제는 날 알아보는 이들도 많이 늘었다. 서울서 매년 활을 둘러메고 한산도까지 내려오는 젊은 청년이라니. 젊은 사람을 보기 힘든 작은 섬마을에 매번 활을 들고 나타나는 30대 청년은 자연스레 관심의 대상이 될 수밖에 없는 듯했다. 저 멀리 남쪽 바다 섬마을에 나를 기억하고 반겨주는 이들이 있다는 사실이 새삼 감사했다.

이날 습사를 마무리한 뒤, 한산정 손경환 사두

(활터의 우두머리)와 정 사무국장을 만나 이런저런 이야기를 나눌 수 있었다. 두 사람 모두 한산도를 '국궁의 성지'로 만들고자 하는 포부를 품고 있었다. 한산도에는 현재 두 개의 활터가 있다. 하나는 그 유명한 제승당 활터(한산정)이고, 또 다른 하나는 입정포마을에 조성된 같은 이름(한산정)의 활터이다.

그런데 앞서 말한 것처럼 이순신 장군이 직접 수하들과 활쏘기를 연마했다고 하는 '제승당 활터'의 경우, 정식 국궁장이 아닌 사적지이기에 이용 절차가 매우 까다롭다.

반면 입정포에 조성된 한산정은 누구나 자유롭게 이용할 수 있지만, 시설이 매우 열악한 상태다. 사무실은 컨테이너 박스에 임시로 조성돼 있었고, 과녁에는 관중 여부를 알려주는 라이트도 달려 있지 않았다. 모래를 구하기 쉽지 않아 과녁 뒤에는 모래 대신 조개껍질을 깔았는데, 화살이 넘어갈 경우 충격을 받고 부러지기 쉽다는 위험도 있었다.

활을 쏘는 사대 역시 제대로 된 지붕 하나 없이 검은 천으로 대충 덮어놓은 채였기에 뜨거운 햇살을 피하기 힘들었다. 만약 비나 눈이라도 온 다면 전혀 활을 쏠 수 없는 상황이다.

이날 손경환 사두는 대화 중에, 자신이 통영시와 경상남도 등 행정 당국에 한산정의 시설 정비를 계속 촉구하고 있다며 "이순신 장군의 항일호국정신이 깃든 한산도에 제대로 된 국궁장 하나 없다는 게 말이 되느냐"고 목소리를 높였다. 그는 한산도에 이순신 장군의 정신을 기릴 수 있는 제대로 된 국궁장을 만드는 것이 목표라고 했다. 그리고 그 국궁장은 "대한민국에서 유일무이한 활터가 될 것"이라고 자신 있게 말했다.

그의 구상에 따르면 새롭게 지을 국궁장은 실제로 조선 수군이 바다에서 왜적을 상대로 싸웠다는 역사적 사실을 충실히 반영한 활터가 될 예정이다. 사대는 판옥선처럼 조성한 뒤, 바다를 사이에 두고 반대편 섬에 과녁을 설치하여 마치 임진왜란 당시 배 위에서 싸웠던 조선 수군처럼 활쏘기를 체험할 수 있는 그런 활터를 만들겠다는 계획이다. 그가 준비 중인 한산도 국궁장 건립은 현재 사업계획서를 준비하여 경상남도청에 제출 예정이라고 한다. 다만 아직까지 구체적으

살짜쿵 활쏘기

로 가시화된 것은 없고, 경남도청 등 행정 당국의 적극적인 관심과 지원이 필요한 상황이라고 덧붙였다.

그의 포부를 들으니 상상만 해도 흥분되었다. 계획대로만 된다면 한산도는 명실상부 '국궁의 성지'로 발돋움할 수 있지 않을까. 단순히 활만 쏘는 게 아니라 이순신 장군의 항일구국정신·애국애족정신·상무정신 등을 온몸으로 느끼며 활을 쏠 수 있는 곳. 만약 그런 활터가 세워진다면, 대한민국의 국궁 수련자들 누구나 앞다퉈 그곳을 찾아올 게 뻔하지 않은가. 한산도에 그런 '꿈의 활터'가 세워질 수 있기를 나 또한 간절히 바라본다.

한산도 습사투어를 마치고 돌아온 직후, 나는 나의 새로운 호(號)를 지었다. 바로 한산(閑山)이었다. 이미 오래전부터 마음에 담아두고 있었던 단어였다. 그러다 한산도 투어를 계기로 결심했다. 이순신 장군의 항일구국정신이 깃든 섬, 이제는 내 마음의 고향처럼 갈 때마다 늘 편안함을 안겨주는 섬, 그래서 늘 그리운 섬, 한산도를 늘 마음에 새긴 채로 살아가기로.

그리고 2025년 11월 14일, 서른네 번째 생일

에 다시 한산도를 찾았다. 작년까지만 하더라도 볼품없던 한산정 활터는 조금씩 정비되어 가는 모습이었다. 이날도 나는 실컷 습사를 하고 돌아왔다. 지금까지 맞이한 생일 중에 가장 의미 있게 보낸 생일이었다.

이날 한산정 정소란 사무국장님이 솔깃한 제안을 해왔다.

"이참에 한산정에 명예사원으로 가입하는 게 어떻겠습니까?"

매년 이순신과 한산도가 좋아 서울에서부터 활을 들고 내려오는 청년의 열정을 한산정 사원들도 알고 있다며 함께 활동하자는 제안이었다.

마다할 까닭이 없었다. 이순신 장군의 숨결이 깃든 활터의 명예사원이라니. 그렇게 나는 한산도라는 섬에 한 걸음 더 가까워지고 있었다.

청년 이순신의 활터에서 맞이한
새해 첫날

2025년, 을사년 새해가 밝았다. 매년 1월 1일만 되면 전국 곳곳의 해돋이 명소가 사람들로 붐비곤 한다. 내게도 특별한 해돋이 장소가 있다. 바로 활터이다. 국궁에 입문한 뒤로 매년 1월 1일이면 새벽같이 일어나 활터로 가는 게 연례행사가 됐다. 아직 어둠이 짙은 활터에서 활을 쏘다 보면, 어느새 과녁이 세워진 무겁(과녁이 세워져 있는 모래밭) 뒤로 밝은 기운이 올라오면서 새해 첫 해가 두둥실 떠오르기 시작한다. 그렇게 떠오르는 해를 배경으로 힘차게 화살을 날리며, 하늘 높이 날아가는 화살처럼 올해도 힘차게 비상하기를 기원해 보는 것이다.

올해는 평소 가던 활터 대신 특별한 곳을 찾았다. 바로 충남 아산 현충사에 위치한 청년 이순신의 활터였다. 1월 1일 아침, 해가 뜨기도 전에

열차를 타고 아산으로 향했다. 먼저 음봉면에 위치한 충무공 이순신 장군의 묘소에 참배한 후 현충사로 향했다. 현충사 경내에는 이순신 장군이 생전에 살았다는 고택이 있고, 바로 옆에 오래된 은행나무 한 그루가 우뚝 서 있다. 145m 너머 건너편에는 과녁 하나가 세워져 있다. 바로 청년 이순신이 무과시험을 준비하며 활쏘기를 연마하던 활터이다.

이순신에 대한 동경으로 매년 통영 한산도를 찾고 있는데, 올해는 새해 첫날을 아산에 자리한 청년 이순신의 활터에서 맞은 것이다. 활터의 은행나무는 수령이 600년에 이른다고 하니, 청년 이순신은 열심히 활을 쏜 뒤 잠시 이 나무 그늘에서 땀을 식혔으리라. 이순신이 기대어 쉬었을 나무 앞에서 활을 올린 뒤 천천히 활시위를 당겨 저 멀리 과녁을 향해 겨냥해 보았다.

청년 이순신의 활터는 현충사 경내에 있기에 일반 국궁장처럼 활쏘기가 상시 가능한 곳은 아니다. 매년 4월 28일 충무공탄신일에 즈음하여 열리는 대통령기 국궁(궁도)대회 때만 잠시 개방된다. 물론 평소에는 일반 관람객들 대상으로 전

살짜쿵 활쏘기

통 활쏘기를 체험해 볼 수 있는 공간으로 운영되고는 있지만, 일반 국궁장처럼 145m 거리의 습사는 불가능하며, 근거리에 간이 과녁을 놓고 간단한 체험만 가능하다.

이날 방문했을 때는 동절기라 체험장은 운영하지 않고 있었다. 하여 화살을 걸어 쏴볼 수는 없었지만, 장군을 추모하는 마음으로 빈 활을 가득 당기며 호연지기를 마음껏 발산해 보았다.

선조 5년(1572) 28살 청년 이순신은 무과시험을 치르던 중 낙마하여 낙방의 고배를 마셨다. 낙방 후 다시 활터에 선 청년 이순신은 무슨 생각을 했을까. 본인이 누란의 위기에 처한 조선을 구하고, 백세토록 한민족의 존경을 받는 성웅(聖雄)이 될 거라 상상이나 했을까? 아니, 당장 다음 무과시험에 합격할 자신이나 있었을까?

그러나 그는 포기하지 않았다. 이곳 활터에서 매일같이 활쏘기를 연마하며 노력한 끝에 4년 뒤 32살의 나이로 식년시(式年試) 무과에 병과(丙科) 4등으로 합격할 수 있었다. 그리고 마침내 민족의 영웅으로 거듭났다.

내 나이도 이순신이 무과에 급제한 나이를 넘

어섰다. 그러나 이때만 하더라도 아직 나는 전업 대학원생으로서 삶이 늘 불안했다. 이미 남들은 다 취직하여 자리 잡고 결혼하여 가정을 이룬 나이에, 나는 여전히 '언제쯤 졸업할 수 있을지', '졸업 후 취직은 어떻게 할지' 기약 없는 미래를 바라보며 살고 있었던 것이다.

그러나 나는 새해 첫날, 청년 이순신의 활터에 서서 다짐했다. 온갖 시련과 좌절에도 굴하지 않고 끝끝내 나아가 마침내 영웅이 된 이순신처럼, 나 역시 스스로를 믿고 더 열심히 정진하리라. 그 순간 청년 이순신이 내 어깨를 두드리며 위로와 응원을 보내는 듯했다.

그렇게 다짐하고 돌아온 지 6개월 만에 나는 내가 어릴 적부터 꿈꿔왔던 박물관의 연구원으로 최종 합격했다는 통보를 받았다. 첫 도전은 아니었다. 2년 전에 처음 지원했다가 최종 면접에서 고배를 마시고 낙방했던 곳이다. 두 번째 도전 끝에 마침내 최종 합격의 기쁨을 맛볼 수 있었던 것이다. 두 번의 도전 끝에 합격, 게다가 30대 초반이라는 나이까지. 어라, 청년 이순신하고 똑같은 길을 밟고 있잖아?

우리 활, 활터 이야기

홀대받는 활터

    활쏘기는 2020년 7월 문화재청(현 국가유산청)에 의해 국가무형문화재(국가무형유산)로 지정됐다. 올림픽 양궁 국가대표들이 세계 무대에서 메달을 휩쓸 때마다 '역시 우리는 활의 민족'이라고 자부해 왔던 것 치고는 너무 늦은 결정이다. 늦었지만 그래도 다행이라고 생각할 수도 있겠다. 하지만 국가유산으로 지정됐다고 하여 크게 달라진 건 없는 듯하다. 아니, 오히려 활쏘기는 점점 쇠퇴하고 있다고 해도 과언이 아니다. 단적으로 전통 활쏘기 교육과 습사가 이뤄지는 활터(사정)의 현실만 봐도 그렇다.

    2022년 겨울, 충남 부여에 놀러 갔다가 부여 지역의 유일한 활터로 알려진 '육일정(六一亭)'에 들렀다. 육일정의 역사는 일제강점기였던 1926년으로 거슬러 올라간다. 백제의 수도인 부여 지역에 활터가 없는 현실에 개탄한 지역 주민들이 남명산 기슭에 정자를 지은 것이 그 기원이라 한다. 1954년에 한 번 위치를 옮기고, 2014년 현대식 건물로 증축했다.

그런데 불과 1년도 지나지 않아 안타까운 소식을 접했다. 2023년 9월 활터가 철거됐다는 것이다. 관련 기사들을 찾아보니 꽤 오래전부터 활터가 지역 주민들 사이에선 눈엣가시였던 모양이다. 활터는 '소수'의 전유물이니 폐쇄하고, 이를 주민들의 운동 및 휴식 공간으로 활용하자는 주장이 꾸준히 흘러나오고 있었던 것이다. 그러다 결국 작년에 행정 당국에 의해 강제 철거가 이뤄졌다.

사연이 궁금했다. 직접 국민신문고를 통해 부여군에 '육일정 강제 철거 사유'를 문의하자, 부여군 문화건설국 문화체육관광과 담당자로부터 이메일 답변이 왔다. 부여군은 2018년부터 육일정이 있던 남령공원을 역사문화도시공원으로 조성하기 위한 사업을 추진해 왔다고 한다. 공원 안에 위치한 활터의 철거가 지연되면서 사업이 계속 지체되는 바람에 강제집행을 할 수밖에 없었다고.

살짜쿵 활쏘기

담당자는 "공원조성공사의 장기화로 인한 군민 피로도 경감과 과도한 행정력 및 예산 낭비 방지를 위해서라도 궁도장 철거를 위한 무단점유 물품 이전 등 행정대집행 추진은 불가피한 선택이었다"고 설명했다. 하지만 '역사문화도시공원으로 조성하기 위해 활터 철거는 불가피했다'는 부여군의 철거 논리는 오히려 고개를 갸우뚱하게 만든다. 옛날부터 문·무관 할 것 없이 양반들의 필수 소양이었고, 전시에는 호국무예였던 전통 활쏘기야말로 부여군이 추진하는 '역사문화도시공원'에 가장 어울리는 문화 콘텐츠 아니던가. 더군다나 육일정이 있던 남령공원에는 황산벌 전투 당시 장렬하게 전사한 계백 장군을 비롯한 백제의 충신 성충·흥수 등을 모신 '의열사'가 자리하고 있다. 전통적인 호국무예인 활쏘기를 통해 백제의 기상을 기릴 수 있다는 생각은 하지 못했던 걸까.

과거 일각에서는 육일정의 철거 명분으로 '안전' 문제도 제기한 것으로 알려졌다. 화살이 날아다니는 특성상 국궁장이 안전사고에 특히 유의해야 하는 시설인 건 분명하다. 주민들이 민감할 수밖에 없는 것도 충분히 이해한다. 그러나 육일정은 70년 가까이 그 자리를 지키고 있었기에, 이제 와서 갑자기 안전 문제를 거론하는 게 뭔가 좀 궁색해 보인다. 안전이 문제가 되었더라면 행정 당국에서 시설을 보완하는 방법도 있었을 것이다.

육일정 측은 강제 철거 직후 모처에 임시 활터를 마련했다고 한다. 황량한 벌판에 세워놓은 과녁 두 개와, 컨테이너 박스에 임시로 마련한 사무실 정도였다. 전통 활터, 활쏘기가 처한 현실을 보는 것 같아 씁쓸함을 감출 길이 없었다.

부여군에서는 현재 2026년 준공을 목표로 새 활터를 세울 대체 부지를 물색 중이라 한다. 굳이 옮길 수밖에 없는 사정이 있었다고 한다면, 먼저 대체 부지를 찾아 활터를 이전·건립한 뒤에 철거를 진행하는 게 올바른 수순 아니었을까.

어디 육일정만 그러할까. 한국의 유서 깊은 활터를 찾아보면 대개 폐쇄되어 이름만 남은 경우가 잦다. 거기다 개발 논리에 밀려 천덕꾸러기처럼 이리저리 옮겨 다닌 탓에, 본래 위치에 그대로 있는 활터가 손에 꼽을 지경이다. 그러다 보니 대부분의 활터 건물들이 옛 형태를 보전하고 있는

살짜쿵 활쏘기

경우가 드물다. 철거로 인한 이전 후 현대식 건물로 새로 지었기에 옛 활터의 모습은 역사 속으로 사라지고 근본 없는 시멘트 건물들이 그 자리를 대체해 버린 것이다. 지방 활터로 습사 여행을 떠날 때마다 늘 아쉬움이 드는 까닭이다.

서울 역시 조선 말기까지만 해도 사대문 안에 40개의 활터가 있었다고 하는데, 현재는 8개의 활터만이 남았다. 그중에서도 조선 인조 때인 1630년경 창건되어 서울에서 가장 역사가 오래된 '석호정(石虎亭)'은 전쟁과 개발에 휘말려 이리저리 옮겨 다니다 1970년대에 이르러 비로소 지금의 자리에 안착했다. 그러나 2011년 당시 서울시는 남산르네상스 사업의 일환으로 석호정을 은평구로 이전하겠다는 방침을 밝혔다가 많은 국궁인들의 반대에 부딪힌 바 있다.

다행히 철거 반대 여론에 계획은 무산됐지만, 2011년의 석호정 사태는 활터의 미래가 바람 앞의 등불처럼 위태롭다는 것을 보여주고 있다. 지자체의 위탁으로 운영되는 서울의 다른 활터들 역시 행정 당국의 무관심 속에 건물의 노후화를 피하지 못하고 있는 실정이다. 서울 우장산근린

공원에 자리한 공항정만 하더라도, 휴게시설 및 사물함 부족 등 활터 시설의 열악으로 몸살을 앓고 있다. 실제로 지자체의 위탁으로 운영되는 활터들의 열악한 현실에 대해서는 꾸준히 문제 제기가 되고 있다. 모든 활터가 그런 것은 아니지만, 많은 활터들이 개발 논리에 휘말려 천덕꾸러기 신세로 전락한 지 오래다. 이러한 상황에서 새로운 활터를 세워달라고 요구하는 것은 언감생심이다.

대한민국 헌법은 "국가는 전통문화의 계승·발전과 민족문화의 창달에 노력하여야 한다"(제9조)고 명시하고 있다. 굳이 헌법을 들먹이지 않더라도, 점점 사라져가는 옛 전통을 보존하고 계승하는 일이 얼마나 중요한 일인지 모르는 이는 없을 것이다. 조금만 소홀해도 전통은 변형되고 단절되기 쉽다.

실제로 과거에는 전쟁에서 쓰는 군용 활과 평소 연습용으로 쓰는 활이 별도로 존재했다고 한다. 재료와 만드는 방법에 따라 활의 종류가 무려 7종 이상이었다고 하는데, 안타깝게도 어느 시점에 그 많은 활들의 제작 방식이 실전되면서, 지금

살짜쿵 활쏘기

은 평상시 습사용으로 쓰던 각궁만 남았다. 당장은 문제가 없겠지만, 지금과 같이 전통 활쏘기와 활터에 대한 홀대가 계속된다면 머잖아 활을 쏘고 싶어도 활을 쏠 수 있는 공간이 모두 사라지지는 않을까 우려스럽다. 활터가 사라지면 자연히 우리 활쏘기를 배우려는 사람들도 줄어들 테고, 면면히 이어가고 있는 전통 활쏘기의 명맥도 점점 위태로워질 것이다.

정치권에 당부하고 싶다. 말로만 '전통문화 계승 및 보존'을 외치지 말고, 진심으로 한국의 소중한 활쏘기 문화에 관심 갖고 육성·발전에 힘써주었으면 한다. 여러 국궁 동호인들의 노력으로 지난 21대 국회에서 국궁 단체와 시설 등에 대해 국가와 지자체가 행정적·재정적 지원을 하도록 규정한 '궁도진흥법안'이 발의됐으나 임기만료 폐기된 바 있다. 22대 국회 출범 후 같은 법안이 재발의됐으나 여전히 통과 여부는 불투명하다. 국궁을 널리 확산하기 위한 개별 활터들의 노력도 매우 중요하겠으나, 정치권 역시 그를 뒷받침할 수 있는 행정적·재정적 지원을 아끼지 말아야 한다. 그것이 '국가무형유산' 활쏘기를 대하는 올바른 태도 아닐까.

　정치권의 노력에 앞서, 일반 시민들에게도 관심과 애정 어린 눈으로 전통 활쏘기를 바라봐 주었으면 하는 바람을 전하고 싶다. 부여 육일정 사태가 그러했던 것처럼, 주민들부터 활터를 눈엣가시로 생각하는 마당에 과연 어떤 정치인이 앞장서서 활터를 지키고 활쏘기를 장려하려 할까. 이런 식으로 우리의 전통 유산을 홀대하다 보면, 그 누가 전통을 계승하려고 할까. 활쏘기를 민족의 자랑스럽고 소중한 전통문화로 인식하고 이를 존중하려는 의식이 사회적으로 확산된다면, 적어도 지금처럼 활터가 홀대받는 일은 줄어들 것이라 믿는다.

일제 쇠말뚝을 연상케 하는 '궁도'

2024년 3월 28일 박찬대 의원 등 더불어민주당 소속 국회의원 10인의 발의로 민족 고유의 전통무예인 활쏘기(궁도)의 진흥과 체계적 지원을 위한 법률 제정안(궁도진흥법안)이 국회에 제출됐다.

'제안 이유'에 따르면 "우리 민족 고유의 무형유산인 궁도를 적극적으로 계승하고, 더 나아가 세계문화유산 등재 추진 등 국제적 확산을 위해 국가와 지방자치단체의 체계적 지원 근거 마련이 필요하다는 의견이 제기되고 있다"며 "이에 궁도의 진흥을 위하여 필요한 사항을 법률로 정하여 국민의 체력과 정신건강의 증진, 나아가 궁도의 세계화에 기여하려는 것"이라고 밝히고 있다.

법안의 주요 내용은 다음과 같다. 활쏘기 진흥에 필요한 대책을 마련하고, 기본계획을 5년마다 세우자는 게 골자다.

　가. 우리 민족 고유의 전통무예인 궁도의 진흥에
　　 필요한 사항을 정함으로써 국민의 건전한 여가
　　 선용과 명랑한 기풍 진작에 이바지함을 목적으
　　 로 함(안 제1조).

　나. 국가와 지방자치단체는 궁도의 진흥을 위하여
　　 필요한 시책을 마련하고, 국민의 궁도 활동을
　　 보호하여야 함(안 제3조).

　다. 문화체육관광부장관은 궁도의 보존 및 진흥을
　　 위한 궁도 진흥 기본계획을 5년마다 수립·시행
　　 하여야 함(안 제5조).

　라. 궁도에 대한 국민의 관심을 제고하고 궁도 진
　　 흥을 도모하기 위하여 매년 7월 30일을 '궁도
　　 의 날'로 정함(안 제7조).

　마. 국가와 지방자치단체는 궁도 진흥을 위하여 필
　　 요하다고 인정하는 경우 궁도단체와 궁도시설
　　 에 대하여 행정적·재정적 지원을 할 수 있도록
　　 하고, 궁도시설을 조성·운용할 수 있도록 함(안
　　 제8조).

법안 발의 소식을 듣고 누구보다 기뻤다. 나는 〈오마이뉴스〉에 '활 배웁니다'라는 칼럼을 연재하면서, 정치권과 지방자치단체 등의 무관심 속에 점점 설 자리를 잃어가는 전통 활쏘기와 활터에 대한 관심을 촉구해 왔다. 그런데 마치 그에 화답이라도 하듯이 국회에 '궁도진흥법안'이 제출됐다고 하니 고무적일 수밖에. 정치권에서도 비로소 우리 전통 활쏘기의 보존과 계승에 의지를 드러낸 것 같아서, 늦었지만 참 다행이라는 생각이 들었다. 특히나 법안이 통과될 경우, 부여 육일정의 강제 철거와 같은 안타까운 사태를 겪을 일도 줄어들지 않을까 싶어 한껏 기대에 부풀었다.

그러나 한 가지 아쉬운 점도 있었다. 바로 법안의 명칭이었다. 국회에 제출된 법안 명칭은 '궁도진흥법안'이다. 그런데 궁도(弓道)라는 단어는 일제강점기 이후 정착된 일본식 표현이다. 과거 문헌을 살펴보면 궁도라는 단어는 일제강점기 이전까지는 거의 등장하지 않는다. 전통적으로 우리 선조들은 사예(射藝), 사후(射帿), 궁술(弓術) 등으로 활쏘기를 표현해 왔다. 일제강점기 당시 우리 전통 활쏘기의 명맥을 보존하기 위해 조직된 단체의 이름은 '조선궁술연구회'였고, 조선궁술연구회의 주도로 한글학자이자 독립운동가였던 이중화(李重華)가 편찬한 활쏘기 교본의 제목 역시 『조선의 궁술』이었다.

그러나 일제에 의해 우리의 궁술은 궁도로 바뀌게 된다. 일제는 국민들에게 군국주의 정신을 심어놓기 위한 차원에서 무도(武道) 교육을 강화하며 유술은 '유도'로, 검술은 '검도'로 그리고 궁술은 '궁도'로 이름을 바꿔 민간에 보급하기 시작했다. 무술의 끝에 '도(道)'가 붙게 된 것은 메이지유신 이후 신도(神道)·황도(皇道)·무사도(武士道) 등을 강조하면서 도의 의미를 부각하기 위해 정책적으로 실시한 조치였다. 식민지 조선도 예외는 아니었던 걸로 보인다. 일제로부터 유입된 궁도라는 표현이 기존의 궁술을 대체하면서 조선궁술연구회 역시 1932년 '조선궁도회'로 명칭이 바뀌었고, 해방 직후인 1948년 '대한궁도협회'로 다시 이름이 바뀐 채 오늘에 이르게 되었다.

과거 『조선왕조실록』에 궁도라는 표현이 등장하기는 한다. 「세조실록」 세조 14년 1월 16일자 기사 중 "날으는 사슴을 죽여 떨어뜨리고, 놓

살짜쿵 활쏘기

인 준마에서 이탈하여 서는 데 이르렀으니, 이는 모두 궁도의 여기(餘技)이며"(至於飛鹿殪隆, 逸駿離立, 是皆弓道之餘奇)라는 구절과 "말이 준마인 것은 하늘의 용맹이고, 화살이 가늘은 것은 사람의 공력이니, 이와 같이 한 뒤에야 궁도를 다한다"(馬駿者天勇, 矢細者人功, 如是然後, 弓道盡矣)는 구절이다. 그러나 『조선왕조실록』을 통틀어 딱 한 번 등장한다. 한 번 나오는 단어에 보편성을 부여하기는 어렵다. 책 『제국의 몸, 식민의 무예』의 저자인 역사학자 최형국 박사 역시 "궁도라는 명칭의 보편화는 일제 군국주의를 통해 확산된 만큼, 우리의 고유 표현을 놔두고 궁도라는 표현을 고수하는 것은 재검토되어야 한다"고 역설한 바 있다.

더 큰 문제는 일본에서도 궁도(Kyudo)라는 이름으로 자신들의 전통 활쏘기를 이어가고 있다는 점이다. 궁도라는 단어가 일본에서 파생된 만큼, 그 단어는 일본식 활쏘기를 가리키는 표현이지 한국의 활쏘기를 가리키는 표현이 될 수 없다. 한국의 활쏘기와 일본의 궁도는 활의 형태에 있어서나, 사법(射法)에 있어서나 전혀 다른 별개의 무술이다. 자칫 궁도진흥법이 외국인들에게 일본식 궁도에 대한 진흥법으로 비치지는 않을까 우려스럽다. 일본식 표현을 법안에 쓰는 것은 민족 정서에도 반하는 일일 것이다.

궁도라는 단어는 공식용어(규칙, 대회, 시설명)로는 보편화되어 있지만, 일반적으로 구두로는 '국궁을 한다'고 말하지 궁도를 배운다고 말하지는 않는다. 더구나 일제 유산이라는 점에서 궁도라는 단어에 거부감이 든다며 바꿔야 한다는 목소리도 많다. 앞서 언급한 바와 같이 궁도를 대체할 만한 표현들은 얼마든지 있다. 물론 그러한 단어들 중에는 오래도록 쓰이지 않아 정서적 괴리감을 주는 표현도 있을 수 있다.

그렇다면 흔히 우리의 전통 활쏘기를 일컫는 명칭인 '국궁(國弓)'을 쓰면 되지 않을까. 순우리말인 '활쏘기'라는 말도 있다. 지난 2020년 문화재청(국가유산청)이 국가무형문화재(국가무형유산)로 등재한 명칭도 바로 활쏘기이다.

법안이 한번 통과되면 다시 바꾸기 어렵다. 우리 활쏘기에 대한 법안을 제정하는 데 일제 식민 통치의 유산인 궁도라는 표현을 쓰는 건 바람직하지 않다. 장안의 화제였던 영화 〈파묘〉에 빗대어 굳이 얘기하자면, 궁도라는 말 자체는 우리의 역사에서 뽑아버려야 할 또다른 '쇠말뚝'인지도 모르겠다.

하여 나는 〈오마이뉴스〉에 기고도 하고, 법안을 대표 발의한 박찬대 의원실에 이메일도 보내 궁도라는 표현의 부적절성을 지적하며 이에 대한 시정을 요청했으나 묵묵부답이었다. 다행인지 불행인지 궁도진흥법안은 21대 국회가 문을 닫으면서 회기 만료 폐기됐다. 하지만 22대 국회 출범 후인 2025년 4월 박찬대 의원 등에 의해 같은 법안이 재발의됐다. 명칭은 여전히 궁도진흥법안인 채로 말이다. 법안의 내용 자체는 손색이 없다. 오히려 국궁 수련자로서 우리 국궁 문화의 보존과 발전을 위해 법안의 빠른 통과를 희망한다. 그러나 그전에 법안 명칭은 반드시 다시 짚고 넘어갈 필요가 있다.

왜곡된 형태로 퍼져나가는 전통 활쏘기

국궁과 양궁의 차이는 뭘까? 가장 눈에 띄는 차이로 '쏘는 방식(사법)'을 들 수 있다. 양궁은 검지와 중지로 시위를 당겨 활을 쏜다. 올림픽 경기에 출전한 양궁 선수들의 손 모양을 보면 알 수 있다. 반면 우리의 전통 활쏘기는 엄지손가락으로 활 시위를 걸어 당긴다. 이를 위해서는 '깍지'라는 보조도구가 필수다.

그런데 과거 사극을 보면 양궁식 사법으로 활을 쏘는 경우가 많았다. 2004~2005년에 인기리에 방영했던 KBS 대하드라마 〈불멸의 이순신〉이 대표적이다. 이미 여러 차례 고백한 바 있지만, 내가 전통 활쏘기에 관심을 갖게 된 계기는 〈불멸의 이순신〉 때문이었다. 그러나 그때만 해도 우리 활쏘기에 대해 무지했던 탓에 사법과는 상관없이 그저 활을 쏘는 이순신의 이미지에 반했을 뿐

살짜쿵 활쏘기

이다.

국궁을 수련하고 있는 지금 시점에서 보면 당시 드라마 속 배우들의 활쏘기는 '도대체 어느 나라 활쏘기냐' 싶을 정도로 엉망진창이다. 지금도 가끔씩 유튜브를 통해 〈불멸의 이순신〉을 돌려보곤 하는데, 활 쏘는 장면이 나올 때마다 '안 본 눈'을 사고 싶을 정도다.

드라마 속 이순신 장군이 양궁식 사법으로 활을 쏘는 모습에, 당시에도 국궁계에서 거센 비판이 쏟아졌던 것으로 기억한다. 그래서 극의 중반부부터는 사법이 바뀌었다. 그러나 여전히 국궁 사법에 대한 정확한 이해가 없었던 탓에, 마지막 화까지 이도 저도 아닌 불안한 사법으로 활을 쏘는 모습이 반복해서 연출됐다.

그래도 사극 속 활쏘기에 대한 국궁계의 지적이 잇따르고, 제작진들 역시 보다 엄밀한 고증을 추구하게 되면서 이제는 잘못된 사법으로 활쏘기를 연출하는 빈도가 많이 줄어든 편이다. 최근작이었던 KBS 〈고려거란전쟁〉에서 양규(지승현 분)의 활쏘기는 정통 사법을 제법 잘 구현하여 많은 이들의 호평을 받기도 했다. 그럼에도 잊을 만

하면 가끔씩 잘못된 사법을 구사하는 경우가 있어 눈쌀을 찌푸리게 한다. 최근 우수한 고증으로 역사 덕후들 사이에서 호평을 받았던 국립진주박물관의 특별전 '화력조선' 시리즈에서도 양궁식 사법이 등장하는 바람에 크게 실망했던 기억이 있다.

사극도 사극이지만 일부 '국궁체험' 프로그램의 운영 방식에도 문제가 있다. 수원 화성, 아산 현충사를 비롯한 일부 유적지에서는 국궁체험장을 운영하며 관람객을 대상으로 전통 활쏘기를 체험해 볼 수 있도록 하고 있다. 또 지역 축제가 열릴 때마다 각 지자체에서는 국내외 관광객들을 대상으로 국궁체험 부스를 운영하는 경우도 많다. 그러나 이런 체험장에서조차 양궁식 사법으로 활을 쏘게끔 지도하는 경우를 종종 보았다. 실제로 나는 지방에 갈 때마다 국궁체험장이 있으면 한 번씩 들르곤 하는데 그때마다 양궁식 사법으로 활을 쏘도록 안내받곤 했다.

원인은 둘 중 하나일 것이다. 강사가 국궁 사법에 대한 이해가 부족하거나, 초보자들 입장에서는 어색하고 불편한 전통 사법 대신 두 손가락으로 당기기만 하면 되는 양궁식 사법으로 지도하는 게 서로 편해서거나. 그러나 아무리 일회성 체험이라고 해도 '전통', '국궁'이라는 이름을 달고 운영한다면 당연히 전통 활쏘기의 기본적인 원칙은 준수해야 하는 것 아닐까. 우리 전통 활쏘기의 매력을 온전히 느껴보려면, 체험객들로 하여금 양궁과는 다른 우리만의 전통 사법을 제대로 체험해 볼 수 있도록 안내하는 게 맞다고 생각한다. 그저 국궁용 활과 화살만 쓴다고 전통 활쏘기가 되는 것이 아니기 때문이다.

지난 2024년 2월 수원 화성을 찾은 유인촌 당시 문화체육관광부 장관 역시 외국인 관광객들과 함께 국궁체험을 하면서 양궁식 사법을 구사한 바 있다. 다른 누구도 아닌 전통문화를 보존·발전시켜야 할 의무가 있는 문체부 장관이 양궁식 사법으로 국궁 체험을 하고, 문체부에서는 "지역 문화를 알린다"며 장관이 잘못된 사법으로 활을 쏘는 사진을 언론에 배포하여 홍보하고 있으니 웃기면서도 슬플 따름이었다. 우리 활쏘기에 대해 잘못된 모습이 이렇게 또 퍼져나가고 있다.

'우리 민족은 활의 민족'이라며 전통문화로서

국궁의 우수성과 독자성을 강조하지만, 정작 일반 시민들이 국궁의 그러한 특징을 제대로 체험해 볼 기회는 많지 않은 것 같다. 국궁체험장에서조차 전통과는 거리가 먼 방식으로 활쏘기를 지도한다면, 우리 활쏘기의 독자성을 제대로 알리기는커녕 오히려 왜곡된 형태로 전파하는 꼴 아닐까. 전통을 보전하는 방법? 그리 어렵지 않다. 기본만 잘 지키면 된다.

활터 문화가 이래도 되나요

요즘 활터에 가면 대학생 궁사들을 자주 만날 수 있다. 대부분 국궁동아리 소속 학생들이다. 서울만 하더라도 광운대·고려대·서울대·서울여대·한양대 등 19개 대학에 국궁동아리가 설치되어 활발하게 활동을 이어가고 있다. 애석하게도 나는 학·석사과정 모두 출신 학교에 국궁동아리가 없어 동아리 활동을 할 기회가 없었다. 과거 타 대학교 국궁동아리에 객원멤버로 참여해 잠깐이나마 어울렸던 적은 있지만, 정식 동아리원은 아니었기에 아무래도 거리감을 느낄 수밖에 없었다. 또래끼리 어울려 활도 내고 MT도 가는 모습을 볼 때마다 내심 부러웠다.

그러다 박사과정에 진학하면서 학교를 옮기게 됐다. 그런데 진학한 학교에 국궁동아리가 있는 게 아닌가. 이미 나는 소속 활터가 있었지만 학부 시절 동아리 활동 한번 제대로 해보지 못한 한을 뒤늦게라도 풀어보고 싶었다. 한편으로 이미 소속 활터가 있는 사원으로서 대학생 궁사들을 위해 조금이나마 도움을 줄 수도 있지 않을까 하는 기대도 있었다.

하지만 막상 입부 지원서를 쓰려니 망설여졌다. 대학원생도 지원할 수 있다고는 했지만, 아무래도 서른 넘은 내가 괜히 20대 친구들 노는 데 들어가서 물만 흐리는 게 아닐까 적잖이 걱정됐다. 또 이미 소속 활터가 있는 입장에서 학생들이 나를 받아줄지도 의문이었다. 동아리 측에 문의하니 그들 역시 "이런 사례는 처음이라 내부 회의가 필요하다"는 답이 돌아왔다. '뭐 떨어지면 떨어지는 거지' 하는 생각으로 덤덤하게 답을 기다렸다. 다행히 "지원해도 된다"는 답변을 받았다. 지원 결과 '합격', 그렇게 서른 넘어 뒤늦게 나의 대학 국궁동아리 생활이 시작됐다.

동아리 활동은 즐거웠다. 전통 활쏘기에 대한 열정 넘치는 젊은 궁사들과 어울려 활을 내는 것만으로도 에너지를 수혈받는 느낌이었다. 수평적인 문화도 인상적이었다. 활쏘기 자체가 예의를 무척 강조하는 운동이다 보니, 나이가 많건 적건 서로 존대하며 존중하는 모습이 마음에 들었다. 나 역시 "소속 활터가 있는 사원으로서 동아리 구성원들에게 조금이나마 편의를 제공하고 싶다"는 약속을 지키기 위해 노력했다. 틈만 나면 대학생 궁사들을 활터에 초대해 마음껏 습사를 즐길 수 있도록 자리를 깔아줬다.

타 대학 국궁동아리 학생들과의 교류를 통해 새로운 인연을 만나는 즐거움도 있었다. 그러다 얼떨결에 몇 개 대학 국궁동아리 학생들로 구성된 '습하'라는 이름의 소모임까지 만들었다. 그렇게 결성된 습하 멤버들과 전국 활터 기행도 종종 다녔다. 특히 습하 멤버들과의 통영 한산도 습사 투어는 모두에게 잊을 수 없는 특별한 추억으로 남았다.

동아리 소속으로 다른 활터를 방문할 때마다 늘 과분한 대접을 받았다. 대학생 궁사들이 마음껏 활을 쏠 수 있도록 기꺼이 자리를 양보해 주고, 때로는 식사비에 보태 쓰라며 손에 봉투를 쥐여 주려는 분들도 있었다. "젊은 사람들이 활터에 오는 것만으로도 너무나 반갑고 고맙다"면서.

제도적으로 대학생들을 위해 각종 배려를 실천하는 활터도 많다. 당장 내가 소속된 공항정만 하더라도 국궁동아리 학생들을 위해 한 달에 한 번 장소를 무료로 대관해 주고 있다. 몇몇 활터는 국궁동아리 학생들에게 무료로 국궁교육을 실시한다고도 들었다. 대한궁도협회 역시 각종 대회에 '대학부'를 따로 두어 활터 소속이 아니더라도 국궁동아리 학생들이 참가할 수 있도록 기회를 제공하고 있다. 이 모든 것이 전통 활쏘기를 책임질 미래의 동량을 육성하고 격려하기 위함이다.

그러나 다른 지역 활터에 방문할 때마다 늘 좋은 기억만 있었던 것은 아니었다. 초면에 다짜고짜 반말을 툭툭 던지며 무례하게 행동하는 이들 때문에 당황스러웠던 경험이 몇 번 있다. 재밌는 건, 내가 대학 동아리가 아닌 일반 활터 소속으로 방문했을 때는 한 번도 그런 경험을 해본 적이 없다는 사실이다. 아마도 대학 동아리에서 왔다고 하니, 대학생이라 간주하고 자기들보다 한참 어리다고 생각해서 하대한 것이리라.

그럴 때마다 상대방에게는 기본적으로 '윗사람은 아랫사람에게 반말을 해도 된다'는 인식이

깔려 있는 것 같아 상당히 불쾌했다. 앞서도 말했지만 활쏘기는 그 어떤 운동보다도 상호 예의를 중시하는 운동이다. 대학 동아리 학생들조차도 수평적인 문화를 지키기 위해 상호 존대를 하는 마당에, 활터에서 초면에 반말이라니.

성질 같아서는 그 자리에서 따지고 싶었지만, 나 한 사람 때문에 분위기가 싸해지는 게 싫어 그냥 참을 수밖에 없었다. 언젠가 한번은 동아리 학생 한 명에게 이런 불만을 토로했더니 "나도 처음에는 반말을 들으니 기분이 좋지 않았다. 하지만 좋은 게 좋은 거 아니겠냐. 남의 활터를 이용하는 처지에서 일일이 감정적으로 반응해서 좋을 게 없다"며 되레 나를 달래주었다. 그 말을 들으니 부당한 대접에도 따지기 힘든 학생들의 처지가 딱하기까지 했다.

당연히 활터의 모든 사람들이 다 그런 것은 아니다. 하지만 한두 사람의 그런 행동들이 젊은 사람들로 하여금 활터 방문을 꺼리게 만들 수 있다. 실제로 국궁 온라인 커뮤니티에 가보면, 활터의 수직적이고 폐쇄적인 문화, 어린 사람을 깔보고 하대하는 문화를 비판하는 글을 종종 볼 수 있다. 소위 활터의 '꼰대 문화'가 싫어서 요즘은 활터에 등록하지 않고 사설 국궁교육장에서 습사를 즐기는 이들도 늘어나고 있다.

나 역시 내가 소속된 활터에서 가끔은 선 넘는 발언이나 행동으로 인내심을 건드리는 사람 또는 상황을 마주칠 때가 있다. 특히 나이 많은 궁사들 중 생각 없이 비하 발언을 툭툭 던져서 기분을 언짢게 하는 이들이 있다. 내가 아무리 넉살이 늘었다지만, 선 넘는 발언이나 행동까지 웃으며 받아줄 마음의 여유는 없다. 받아줘서도 안 된다고 생각한다. 일일이 받아주다 보면 후배 궁사들만 피곤해질 뿐이다. 몇몇 사람들의 몰상식한 행동이 활터와 국궁이라는 문화 자체에 대한 MZ세대들의 반감만 키우게 되는 건 아닐까 싶어 마음이 무겁다. 청년 궁사들은 앞으로 전통 활쏘기의 미래를 책임질 이들이다. 청년들이 활터를 좀 더 즐거운 마음으로 찾을 수 있도록 동등한 인격체로 대우해 줬으면 하는 바람이다.

물론 대학생을 비롯한 2030 궁사들 역시 성인으로서의 책임감 있는 태도, 어른을 대하는 최소한의 예절을 갖출 필요가 있다. 보통 동아리 차

살짝쿵 활쏘기

원에서 오는 경우 수많은 인원을 통제하기 어렵다 보니, 몇몇 인원들 중 무례한 태도로 눈살을 찌푸리게 하는 이들이 있다. 중장년 궁사들과 청년 궁사들 사이에서 가교 역할을 자처하며 청년 궁사들을 최대한 배려해 주고 싶어도, 활터에 온 젊은 궁사들이 상식 밖의 행동을 할 경우 곤혹스러울 따름이다. 그래놓고서 "활터에는 꼰대들만 있다"고 비방하고 다닌다면 세대 간의 오해와 갈등만 증폭될 뿐이다. 나 역시 동아리 활동을 하면서 몇몇 대학생 궁사들의 무례한 태도에 마음이 상한 적이 한두 번이 아니다. 학생들을 배려하여 나름대로 호의를 베풀었건만, 이기적인 태도에 실망하여 이렇게까지 배려를 해줘야 하나 회의감을 느낄 때도 있었다.

결국 세대 간의 상호 배려와 존중이 답이다. 이게 꼭 활터에만 필요한 예절은 아닐 것이다. 더불어 사는 세상에서 당연히 지켜야 할 에티켓 아닐까. 그걸 실천할 자신이 없다면, 본인은 활터에 어울리지 않는 사람이다. 부디 외딴섬에 가서 홀로 활을 쏘시라!

활터에 한복 입고 갔다가 봉변당한 이유

언젠가 지인으로부터 황당한 이야기를 전해 들었다. 활터에 한복을 입고 갔다가 "활터에는 어울리지 않는 복장"이라는 지적을 받았다는 것이다. 우리의 전통무예인 활쏘기를 연마하는 활터에서, 한복 착용이 부적절하다니. 선뜻 믿기 어려운 얘기였다.

나 역시 종종 한복을 입고 활터 기행을 다니곤 한다. 개인적 경험에 의하면 많은 사람들이 한복 입고 활터에 오는 것에 대해 긍정적인 반응이었다. 대부분 "옷이 참 멋있다", "그 옷은 어디서 살 수 있느냐"며 애정 어린 관심을 보여줬다. 우리 전통 활쏘기를 하는데 한복이야말로 가장 잘 어울리는 복장이라는 칭찬과 함께.

평소 활터에 한복을 입고 다니는 몇몇 지인들에게 물어본 뒤에야 그 까닭을 알 수 있었다. 바로

살짜쿵 활쏘기

'치마' 형태로 된 전통 여성 한복이 문제가 된 것이었다. 복장 규정은 활터마다 다르지만 다소 엄격한 편이다. 일반적으로 반바지와 슬리퍼(샌들 포함) 금지는 모든 활터가 공통적이다. 살을 드러내는 짧은 치마 역시 마찬가지다. 그런데 간혹 '긴치마'도 금지하는 활터가 있다고 들었다. 그러다 보니 불똥이 한복에까지 튄 것이다. 실제로 지인 중 한 명은 다른 활터에 방문할 때마다 한복을 입을지 말지 늘 고민한다고 한다. 방문하려는 활터의 규정이 어떤지 모르는 탓에, 괜히 입고 갔다가 봉변을 당할 우려가 있는 탓이다.

'긴 치마를 입으면 안 된다'는 규정이 언제 어디서부터 비롯됐는지는 모르겠지만, 참으로 근본 없는 규정이라는 생각이 든다. 당장 구한말과 일제강점기 당시 활쏘기 사진들을 한번 찾아보라. 과거 여성들은 치맛자락 펄럭이는 한복을 입고 활쏘기를 즐겼다. 그러니 이런 규정은 무지의 소치라고 볼 수밖에 없다.

활터에서 긴 치마를 입어서는 안 된다는, 그러므로 치마 형태의 전통 한복도 안 된다는 황당무계한 인식을 깨기 위해서는, 기본적으로 이를 바로잡으려는 활터 구성원들의 자발적인 노력이 선행돼야 한다. 고무적인 건 최근 젊은층을 대상으로 '한복 습사(활쏘기)' 운동이 벌어지고 있다는 사실이다. 대표적으로 서울 남산의 석호정(石虎亭)을 들 수 있다. 석호정은 매달 첫째 주 일요일을 '한복의 날'로 지정했다.

한복의 날이 되면 궁사들은 전통 한복을 입고 활터에 올라와 습사를 즐긴다. 이들의 복장을 보면 갓과 도포를 제대로 갖춘 전통 복식 일색이다. 여성 궁사들 중에는 긴 치마를 입고 오는 이들도 있다. 그들의 모습을 보면 정말 구한말 여궁사들이 살아 돌아온 듯한 느낌을 받는다.

각 활터들이 이렇게 적극적으로 한복 입기 운동을 전개해 나간다면, 활터에서는 긴 치마를 입어서는 안 된다는 이상한 규정도 자연스레 사장될 것이다. 한편으로 한복이라는 우리의 소중한 전통문화를 알릴 수 있는 계기도 될 것이다. 그러니 이런 바람직한 운동은 선례(善例)로서 다른 활터들도 보고 배울 필요가 있다는 생각이 든다.

한복 이야기가 나온 김에 한 가지 더 제언을 하고자 한다. 현재 활쏘기 대회에서는 한복 착용이 불가하다. 대한궁도협회에서는 흰색 티셔츠와 흰색 바지, 흰색 운동화를 대회 복장으로 규정하고 있다. 이를 어길 시 출전 자격이 박탈된다. 다음은 대한궁도협회의 대회 복장 규정이다.

제13조(복장규정) 각종 경기에 참가한 남·여선수는 필히 본 협회가 정한 복장을 착용해야 한다.
① 경기복은 흰색 상·하의를 착용하여야 하며, 상의의 경우 깃이 있는 흰색 티셔츠를 착용하여야 한다.
② 경기화는 흰색 운동화를 신어야 한다.
③ 경기복 상의에는 시·도(시·군) 소속 정을 표시하여야 한다.

이러한 규정은 언제 만들어진 것일까.

"현재의 국궁 경기복은 정구(庭球)의 경기복에서 유래하였다. 복장에 관한 것은 1966년 7월 10일자 대한궁도협회장 김정대(金正大)의 명의로 시도지부와 각정 사두에게 보낸 공문에 나온다. 봄여름 가을 복장은 정구복으로 하여 앞면에 소속 정을 뒷면에 시도를 표시하도록 하였고, 겨울복장은 회색이나 하늘색으로 하되 상의는 스웨터식으로 하였다. 모자와 운동화는 모두 흰색이다. 이것은 박정희 대통령의 유시에 따른 것이라고 밝히고 있다(청주 관덕정에 접수된 공문에 의함)."*

1958년 4월 서울 황학정에서 열린 제1회 전국남녀활쏘기대회 사진을 보면 많은 선수들이 한복을 입고 있다. 여성 선수들은 모두가 긴 치마 형태의 한복을 입고 활을 쏜다. 그러나 언제부터인가 대회장에서 한복은 사라지고 그 자리를 흰색 티셔츠와 바지가 대체하기 시작했다. 바로 권력자의 한마디 때문이었다. 서슬 퍼런 군부독재 시절에야 어쩔 수 없었다 쳐도, 이제 그런 시대는 지나지 않았나. 지금이라도 공식 경기에서 한복 착용을 허용했으면 하는 바람이다. 이제는 대회장에서 도포자락 휘날리며 활을 내는 궁사들의 모습을 보고 싶다.

---

*   정진명, 『활쏘기의 어제와 오늘』, 고두미, 2017, 213쪽.

이궁회우(以弓會友)

30여 년 넘게 살면서 참 많은 사람들을 만났다. 고등학생 때까지는 그저 집-학교를 무한 반복하며 살았을 정도로(그렇다고 공부를 열심히 했다는 뜻은 절대 아니다), 삶이 단조롭다 보니 학교 외에 그렇게 많은 사람들과 인연을 맺을 일은 없었다.

대학 시절에도 나는 '아싸'였다. 캠퍼스 대신 대외활동을 통해 많은 사람들을 만나기는 했지만, 지금 와서 돌이켜 보면 지속적으로 연락을 주고받는 사람들은 손에 꼽을 정도다. 군대에서 만난 선후임들과도 연락이 되는 이들은 별로 없다. 내 인연의 넓이는 좁디좁은가 보다.

그런 내가 활쏘기를 통해 정말 고마운 인연들을 많이 만났다. 어쨌거나 새로운 취미 활동을 시작하자 같은 취미를 공유하는 이들과 인연의 끈이 이어질 수밖에 없었다. 내가 소속된 공항정만 하더라도 사원수가 150명에 이른다. 그들 모두와 친밀한 관계를 형성한 것은 당연히 아니지만, 그래도 많은 분들이 내게는 고마운 존재들이다.

젊은 궁사들 중에는 "활터에 가면 꼰대들이 많다"며 불만을 토로하는 이가 종종 있다. 그런 말도 내게는 해당 사항이 없는 듯하다. 활터에서 만난 어른들은 무언가 하나씩은 분명 배울 점이 있는 분들이었다. 아직은 한창 어린 내게 인생 선배로서 '삶의 지혜'를 심어주신 분들이기도 했다. 단순히 활 공부에만 국한되는 게 아니라, 삶을 살아가는 데 있어서 중요한 꿀팁들을 아낌없이 전수해 준 것이다. 그래서 나는 연애 문제, 취업 문제 등 사회초년생으로서 막막한 부분들에 대해 다른 누구도 아닌 활터의 어른들과 상의했다. 다소 철부지 같은 소리를 하거나, 조금 익살스러운 농담을 던지더라도, 어른들은 귀엽게 봐주셨다. 그래서 더 장난꾸러기처럼 행동하기도 했다.

내가 활터 가는 게 즐거웠던 건, 단순히 활쏘기만을 좋아해서 그런 게 아니었다. 이처럼 활터에 가서 어른들과 허물없는 대화를 나누는 게 좋았기 때문이다. 습사 후 어른들과의 막걸리 한잔은 또 얼마나 달달하던지.

취직했을 때 누구보다 축하해 준 분들도 바로 활터의 어른들이었다. 그래서 나 역시 감사한 마음으로 활터에 올라갈 때마다 약소하나마 뭐라도 하나씩 들고 가서 어른들께 대접하려고 하고 있다. 합격 소식에 기뻤지만 그래도 한편으로 활터의 어른들과 앞으로는 자주 볼 수 없게 됐다는 점이 아쉬울 정도로, 나는 활터에 완전히 녹아들었다.

여름에서 가을로 넘어가는 때의 어느 날이었다. 평소 쓰던 활이었는데, 이상하게 그날따라 당기기가 힘들었다. 계절 상관없이 늘 일정한 장력을 유지하는 현대식 카본 활과 달리 천연 재료들이 결합되어 만들어진 전통 각궁의 경우 계절이 바뀌면서 장력에도 변화가 생긴다. 내가 쓰던 활도 춥고 건조한 날씨가 시작되면서 뻑뻑해진 것이다. 그 탓에 얼마 전까지만 해도 끝까지 당길 수 있었던 화살이 이제는 아무리 용을 써도 다 당겨지질 않았다. 화살을 다 당기지 못하니 자연스레 화살이 날아가는 궤적이 일정하지 못하고 명중률도 떨어졌다.

이를 지켜본 한 선배 접장님이 "겨울에는 조금 짧은 화살을 쓰는 게 좋겠다"고 조언했다. 그러나 화살 값이 어디 애들 장난감 가격인가. 전통 죽시는 한 발에 4만 원에 이르는데, 보통은 4순(20발) 이상 구매를 하는 게 기본이기에 가격을 다 합치면 약 80만 원에 이른다. 당시 전업 대학원생이었던 내 지갑 사정으로는 보통 사치가 아니었다. 차일피일 미루며 화살 주문을 망설이고 있는데, 어느 날 화살 구매를 권했던 접장님이 내게 슬며시 물어왔다.

"김 접장, 화살 새로 주문했어?"

"아뇨, 지금 돈이 없어서⋯."

"자, 이거 쓰고 싶으면 써."

그러면서 성큼 죽시 열 발을 건네신다. 만만찮은 가격의 화살을 뭉텅이로 주시니 감사한 마음보다 당황스러움이 앞선다.

"아이고, 이 귀한 걸. 제가 돈 드릴게요."

"됐어. 쓰던 건데 뭘. 열심히 써."

그렇게, 생각지도 못했던 화살이 무려 열 발이나 생겼다. 새로 받은 화살을 활에 걸어보니 끝까지 잘 당겨졌다. 날아가는 궤적도 안정적이었다.

살짜쿵 활쏘기

활과 화살의 궁합도 중요한데, 선물로 받은 그 화살들은 내 활에 잘 맞는 좋은 화살이었다. 주변에서는 "그 화살 나 주지" 하면서 부러워하는 분들도 계셨다. 그분은 내가 취직했다고 하자 취직 선물로 죽시 다섯 발을 또 선물하셨다.

생각해 보면 선배들로부터 무언가를 받는 게 이번이 처음이 아니었다. 국궁을 시작한 뒤로, 죽시며 화살통이며 심지어 비싼 각궁까지 생일 선물로 받지 않았던가. 선배들로부터 받기도 참 많이 받았다. 물질을 넘어 그 안에 담긴 마음들이 얼마나 감사한가. 선배 궁사들은 평소에도 "학생이 무슨 돈이 있느냐"며 내게 밥이며 술이며 늘 사주려고만 하신다. 국궁동아리 대학생들을 인솔하여 활터를 방문했을 때는 "국궁의 미래인 학생들에게 밥이라도 한 끼 사주고 싶다"며 따로 용돈을 쥐여주시는 분도 계셨다. 매번 받기만 하는 게 송구스러워서 손사래를 치면 "앞으로 후배들 들어오면 똑같이 잘해줘"라는 답이 돌아왔다.

물질적인 배려만 받았던 게 아니다. 승단 대회에 나가기 위해서는 승급심사를 거쳐야만 한다. 그러나 심사 일정이 늘 수업이 있는 날과 맞물려

참가하지 못하고 있었다. 나 한 사람 때문에 날짜를 바꾸기 민망해서 아무 말 못 하고 있었는데, 그런 내 사정을 파악한 심판 분께서 11월에 열릴 심사 날짜를 일부러 수업이 없는 날로 잡아주시기도 했다. "이번엔 꼭 승급에 성공하라"라는 따뜻한 격려와 함께.

"활터에는 꼰대들이 많다", "활터는 너무 폐쇄적이다". 세간에 이런 인식이 널리 퍼져 있다. 물론 실제로 그런 문제가 있는 곳도 많다고 들었다. 또 여러 사람이 이용하는 곳이기에, 모두가 내게 친절하기만 한 것은 아니다. 하지만 그런 일부 사례들 때문에 국궁장이란 곳이 꼰대들의 집합소처럼 비춰지는 게 여간 안타까운 게 아니다. 젊은 사람들을 적극적으로 배려하기 위해 노력하는 활터들도 많다.

나 역시 어른들이 볼 때는 한참 어린 'MZ세대'이지만, 나보다 더 어린 궁사들에게 똑같이 배려하기 위해 노력하고 있다. 젊은 궁사들이 활터에 대한 선입견을 버리고 마음 편하게 이용할 수 있도록 가교 역할을 하고자 하는 것이다. 그것이 어른들로부터 받은 '빚'을 갚는 방법이라 생각한다.

살짜쿵 활쏘기

활쏘기를 통해 맺은 인연들 중 '앞나고 뒤나고' 모임을 빼놓을 수 없다. 국궁을 다시 시작한 직후, 우연히 인스타그램을 통해 젊은 궁사들로 구성된 활쏘기 모임의 멤버를 모집한다는 소식을 접했다. 당시 한창 활 쏘는 재미에 맛 들렸던 나는 바로 모임 참여 의사를 밝혔고, 그렇게 공항정·한라정·관악정·부천정 등 전국 여러 활터에 소속된 젊은 궁사들로 모임이 결성됐다.

모임의 이름인 '앞나고 뒤나고'는 국궁 용어에서 비롯됐다. 활을 쏠 때 줌손(활을 잡은 손)을 기준으로 손바닥 쪽으로 화살이 떨어지면 '앞난다', 손등 쪽으로 떨어지면 '뒤난다'고 표현한다. 그러니 앞나고 뒤나는 건 활을 못 쏜다는 뜻이다. 왜 모임 이름을 이렇게 지었을까? 우리 모임은 당장 과녁 맞히는 데 연연하지 않고, 더디게 가더라도 올바른 자세와 올바른 사법(射法)으로 활쏘기를 지향하기 때문이다. 또 시수에 구애받지 않고 그저 활 쏘는 행위 자체를 즐긴다는 점을 강조하기 위해 지은 이름이기도 했다.

멤버들은 한 달에 한 번씩 전국 활터를 방문하여 습사도 하고 맛집 탐방도 했다. '한복 입고 습사하기'와 같은 의미 있는 이벤트도 개최했다. 모임을 통해 나는 참 많은 것을 배웠고 또 얻었다. 각궁에 입문한 것도 앞나고 뒤나고 덕분이었다. 우리 모임은 궁극적으로 각궁으로 활 쏘는 것을 지향했기 때문이다. 초몰기 하던 순간, 함께 사대에 서서 나의 초몰기 순간을 지켜보고 축하해 준 이들도 다름 아닌 앞나고 뒤나고 멤버들이었다. 그들은 내게 대가 없이 많은 것을 베풀었다. 앞나고 뒤나고라는 모임 덕분에 나는 전국적으로 유명인사가 됐다. 지금도 지방의 활터에 가면 "유튜브에서 본 분 같은데", "앞나고 뒤나고 모임 요즘도 하나요?"라며 아는 체하는 분들을 꼭 만난다.

사람들에게 이리 데이고 저리 데일 때마다 "난 참 인복 없다"는 말을 입버릇처럼 내뱉곤 했다. 실제로 그렇게 생각하며 살았고. 그런데 활쏘기를 통해 맺은 고마운 인연들을 보면서, 문득 '내가 정말 인복이 없는 걸까' 싶었다. 어디 활터에서뿐이겠나. 돌이켜 보니 살면서 크고 작은 베풂을 많이 받고 있더라. 그런데 인복 없다는 소리나 하고 있으니 배가 불러도 한참 불렀지.

대가를 바라고 한 건 아니지만 베푼 만큼 사

람들이 내 맘을 알아주지 않는 것 같다고 서운해한 적도 많았다. 그러나 평소 베풀던 것들이 이렇게 돌아온 것 아닐까. 그러니 감사한 마음으로 주변 사람들에게 더 베풀고 살아야겠다. 비단 활터에서뿐만이 아니라 일상을 통틀어 말이다. 베풂의 미덕을, 나는 활터에서 배웠다. "인복 없다"는 말도 내게 베풀어준 분들께 실례가 되는 말 같아서 이제 함부로 하면 안 되겠다.

물론 좋은 인연만 만난 것은 아니었다. 내가 아무리 열심히 하고 잘하더라도 나를 싫어하는 사람은 꼭 있기 마련이다. 사소한 오해로 인해 감정이 틀어지기도 하고, 그냥 서로 주파수 자체가 안 맞아서 어울리지 못하는 관계도 있다.

활터에서 만난 사람들이라고 다를 건 없다. 아무리 공통의 취미를 공유하는 사람들이라지만, 개중에는 나와 안 맞는 사람들이 분명 있다. 일련의 사건들로 인해 불편한 관계가 된 경우도 있고. 그래서 활터에 왔다고 마냥 마음이 즐겁기만 한 것은 아니다.

그러나 요즘은 계속 스스로를 다독이면서 '신경 끄기의 기술'을 연마하기 위해 노력하고 있다.

나 좋다고 하는 사람들하고 잘 지내기도 바쁜데, 왜 내가 굳이 불편한 관계를 신경 쓰느라 정신 건강에 해를 끼쳐야 하나. 학업과 직장 생활로 받는 스트레스만으로도 힘든데, 왜 내가 취미 생활을 하면서까지 스트레스를 받아야 하나. 그런 생각을 하면서 말이다. 지금 나는 사람들과의 관계망 속에서 좀 더 단단해지는 법을 배워나가는 중인 것 같다. 말처럼 쉽지는 않지만 말이다.

무술계에 '이무회우(以武會友)'란 말이 있다. 무(武)로써 벗을 사귄다는 뜻이다. 무술인들은 같은 스승 밑에서 배우며, 또 다른 문파와 대련을 하는 과정에서 벗을 사귀기도 한다. 나는 이 말을 조금 변용하여 활로써 만난 인연을 '이궁회우(以弓會友)'라고 표현하고 싶다. 말 그대로 활로써 벗을 사귄다는 것이다. 활 공부를 시작한 뒤 만난 고마운 활벗들 덕분에 즐겁게 '활량 라이프'를 이어오고 있다.

이 책의 독자 여러분들 중에도 언젠가 활쏘기를 통해 나와 인연을 맺을 분들이 있지 않을까. 부디 좋은 인연으로 만나길 고대한다.

살짜쿵 활쏘기

5장

활쏘기가 주는 깨달음

대기만성을 배우다

2022년 다시 활을 잡은 직후 새롭게 세운 목표가 있었다. 바로 그해 안에 '초몰기'를 하는 것. 국궁에서 '몰기'란 한 순(5발)을 쏴서 잇달아 관중하는 것을 말한다. 초몰기는 처음으로 몰기를 달성하는 것으로 이제 초보자 딱지를 떼고 어엿한 활꾼으로 거듭났음을 의미한다.

활터(사정)에 입정하게 되면 '신사'라는 칭호로 불리는데, 초몰기를 하는 순간부터 '접장'이 된다. 활터마다 조금씩 문화가 다르긴 하지만 대개 초몰기를 한 신사에게는 '몰기패'란 것을 만들어 수여하기도 한다.

"아직도 초몰기를 못 했다고?"

함께 활을 내는 접장님들께 고백하면 대개 이런 반응들이었다. 사실 빠르면 일주일, 늦어도 반년 안에는 보통 초몰기를 경험하기 때문에 1년이라는 시간이 흐른 시점까지도 몰기를 못 했다고 하니 다들 의아해했던 것이다. 그런 반응 앞에서 나는 더욱 민망하고 초라해지곤 했다.

그러다 보니 웃픈 에피소드도 있었다. 나보다 한참 뒤늦게 활을 배우기 시작한 신사 한 분이 "몰기가 쉬이 안 된다"고 한탄한 적이 있다. 나름 먼저 활을 배우기 시작한 입장에서 "저도 4중까지는 해봤는데 몰기는 참 안 되더라고요. 어느 정도 운도 따라야 하는 것 같습니다. 아마 저보다 먼저 몰기를 달성하실 수도 있을 겁니다"라는 말로 위로해 드렸다. 그러면서 "어려우니까 배우는 맛이 있는 것 아닐까요?"라고 한껏 여유로운 척 말했다. 그런데 결국 그 신사 분이 나보다 먼저 초몰기를 달성했고, 이제는 "언제 초몰기할 거냐"고 도리어 내게 묻는 지경에 이른 것이다.

인간이란 참 모순적인 동물이다. 어려우니까 배울 맛이 있다고 말할 땐 언제고 자꾸 남들은 앞서가는데 나는 뒤처지고 있으니 초조하고 답답하고 나중엔 짜증까지 나는 것이다. 너무나도 답답한 마음에 활 배운 지 20년이 넘었다는 접장님께 답답함을 토로했더니 이렇게 한마디하셨다.

살짜쿵 활쏘기

"매일 나오는 사람하고 어쩌다 한 번 나오는 사람하고 실력이 같길 바라면 안 되지. 아직 젊으니까 평생 한다고 생각하고 느긋하게 마음먹어요."

또 다른 분은 "운 좋게 초몰기 한 번 하고 계속 불 내느니 평균 시수가 안정적으로 나올 정도로 기초를 확실히 닦아놓는 게 더 중요하다"라고 격려해 주셨다(불 낸다는 것은 과녁에 화살이 맞지 않는다는 뜻이고, 시수는 관중 횟수를 의미한다).

결국 나는 그해 목표를 달성하지 못했다. 그래서 '나 계속 활을 잡아도 되는 걸까' 회의를 느낀 적도 많다. 그래도 활을 계속 잡은 이유는 활과 함께한 시간이 너무나도 행복했기 때문이다. 내가 쏜 화살이 과녁을 때릴 때마다 느껴지는 짜릿함은 최고의 스트레스 해소제였다.

우리 활쏘기에는 '불원승자(不怨勝者)'와 '반구저기(反求諸己)'라는 격언이 있다. 전자는 나를 이긴 사람을 원망하지 말라는 뜻이요, 후자는 남을 탓하지 말고 내 자신을 돌아보며 문제의 원인을 찾으라는 뜻이다.

초몰기를 하지 못했다고 초조해하면서 나보

다 앞서가는 이들을 부러워도 하고 질투도 했다. 그러나 모든 원인은 결국 내 자신에게 있으니 누굴 원망하랴. 끊임없이 스스로를 돌아보고 고치려는 반구저기의 노력이 남들보다 부족한 탓이리라. 하여 나는 자꾸만 남들과 나를 비교하려는 버릇을 고쳐보려 노력 중이다. 어차피 내가 조선시대 무과시험에 급제하려고 남들과 경쟁하는 것도 아니니.

'독서백편의자현(讀書百遍義自見)'이란 말이 있다. 직역하자면 '책을 백 번 읽으면 그 뜻이 저절로 드러난다'는 뜻인데, 중국의 사서인 『삼국지』 위서 13권 '종요화흠왕랑전'이란 장에 실린 동우(董遇)의 고사에서 비롯된 말이라고 한다.

이 고사의 내용을 좀 더 살펴보자. 중국 후한(後漢) 말기의 학자인 동우의 명성을 듣고서, 그에게 배움을 청하겠다는 사람들이 각지에서 몰려들었다고 한다. 하지만 그는 자신을 찾아온 이들에게 이렇게 말하며 물리쳤다.

"마땅히 먼저 백 번을 읽어야 한다(必當先讀百遍). 책을 백 번 읽으면 그 뜻이 저절로 드러난다(讀書百

遍其義自見)."

그 말을 들은 사람 중 한 명이 "책 읽을 겨를이 없다(苦渴無日)"고 반문했다. 그러자 동우는 "세 가지 여가만 있으면 책을 충분히 읽을 수 있다(當以 三餘)"고 되받아쳤다. '세 가지 여가'란 다음을 말한다.

겨울은 한 해의 여가(冬者歲之餘)
밤은 하루의 여가(夜者日之餘)
오랫동안 계속해서 내리는 비는 한때의 여가(陰雨 者時之餘也)

나는 이 고사를 참 좋아한다. 공부엔 왕도가 없고 '반복 숙달'만이 이치를 깨닫는 바른 길이라는 교훈을 주기 때문이다. 더불어 시간이 없어 바쁘다는 것은 핑계에 지나지 않는다는 따끔한 가르침도 준다. 공부든 운동이든 재능이 없어, 그저 아둔하기만 한 내 입장에서 동우의 가르침은 꾸준히만 하면 언젠가 대성할 수 있을 것이라는 희망을 안겨준다.

그런데 나는 이 구절을 활쏘기에도 대입할 수 있다고 생각한다. 활쏘기를 배우기 시작한 뒤로 제일 많이 들었던 말이 "활쏘기에는 왕도가 없다. 그저 많이 쏘는 수밖에 없다", "시수는 습사량에 비례한다"는 말이었다. 그래서 나는 활쏘기에 대한 격언으로 독서백편의자현 대신 다음과 같은 문구를 만들어보기도 했다.

"사후만발의자현(射帿萬發義自見): 화살을 만 발 쏘면 그 뜻이 저절로 드러난다(스스로 깨우쳐진다)."

'1백 발'이 아닌 '1만 발'로 한 이유는 100발 가지고는 활쏘기의 정수를 깨닫기에 택도 없기 때문이다. 100발이라고 해봐야 20순에 불과한데, 이걸로 활쏘기의 정수를 깨닫는다고 한다면 나는 이미 명궁의 반열에 올랐을 것이다.

알다시피 대한민국 양궁은 세계 탑클래스다. 양궁 국가대표가 되기 위한 경쟁은 상상을 초월한다. 과거 대한양궁협회 임원의 인터뷰 기사 중 '국가대표 후보들이 다섯 차례 선발전에서 쏘는 화살만 4,000개'라는 대목을 보고 혀를 내둘렀다.

살짜쿵 활쏘기

'역시 그 정도 노력은 해야 고수가 되는구나' 싶었다. 양궁 천재들도 그럴진대, 나 같은 둔재는 적어도 1만 발 정도는 쏴야 비로소 활쏘기에 대해 감을 잡을 수 있는 단계가 오지 않을까? 어쨌건 쉼 없이 정진하자는 다짐을 담아 '사후만발의자현'이라는 말을 만들어 내 활쏘기 수련의 신조로 삼았다.

1만 발의 화살을 쏘는 것은 그 자체로 '인내의 과정'이기도 하다. 시간도 오래 걸릴뿐더러, 단순히 많이 쏘기만 할 게 아니라, 한 발 한 발 지극정성을 다해 쏴야 하기에 그만큼 공도 많이 든다.

한때 궁체를 교정하겠답시고 평소 쓰던 활보다 한참 낮은 파운드의 활을 들고 몇 개월 동안 씨름한 적이 있었다. 파운드가 낮으니 과녁에 화살을 맞히기가 쉽지 않았다. 그러다 보니 시수가 너무 떨어져서 힘들었다. 어쨌거나 활쏘기의 가장 큰 재미는 145m 너머의 과녁에 화살을 꽂는 것인데 그게 안 되니 답답한 마음이 들었던 거다.

그래서 초반엔 안정적인 궁체와 더 나은 시수를 위해 대기만성하는 과정이라고 생각하며 거의 도 닦는 심정으로 사대에 섰다. 그러다 보니 어느 순간, 시수에 대한 욕심이나 미련을 자연히 내려놓게 되었다. 어차피 안 맞을 거라 생각하고 과녁 앞에 서니, 이제는 어쩌다 한 번 맞아도 즐겁고 기쁜 마음이 들었던 것이다. 확실히 마음을 비우고 활을 내니 작은 성취에도 기분이 좋았다. 초심으로 돌아간 느낌이었다. 그렇게 즐거운 마음으로 활을 쏘다 보니, 어느 순간 그 약한 활로도 2중, 3중 과녁에 화살을 맞히는 빈도가 늘기 시작했다. 그리고 얼마 지나지 않아 마침내 나는 초몰기의 기쁨을 맛볼 수 있었다. 그제야 나는 활쏘기야말로 '대기만성'의 교훈을 일깨워주는 무예라는 사실을 깨달았다.

활을 쏠 시간이 없다는 것도 핑계다. 동우가 제시한 '세 가지 여가'를 보라. 눈이 오는 겨울에도 습사하고, 낮에 일하느라 바쁘면 밤에 야사를 하고, 또 비가 올 때는 우중 습사를 하면 된다. 결국 모든 것은 마음먹기 달렸다. 그래서 나는 오늘도 '시작은 미약하나 끝은 창대하리라!'를 속으로 외치며 사후만발의자현을 실천하려 노력하는 중이다.

살짜쿵 활쏘기

초몰기

"축하드립니다. 김 접장님!"

사람들이 축하인사를 건넨다. 어안이 벙벙했다. 꿈인가 생시인가. 국궁을 본격적으로 배우기 시작한 지 2년 만에 처음으로 1순(5발)의 화살을 모두 과녁에 꽂은 날이었다. 이른바 '초몰기'를 한 것이다. 활터에서는 초몰기를 하면 비로소 접장이라는 칭호를 부여함으로써 예우한다. 이제 스스로 자세(궁체)를 돌아보고 교정할 수 있는 수준이 됐다고 보는 것이다. 그렇게 2024년 1월 6일, 나는 비로소 접장이 됐다.

2년 만의 초몰기라고 했지만 길게 보면 11년 만에 찾아온 결실이기도 하다. 내가 처음 활을 잡은 것은 2013년 대학생 때였기 때문이다. 초몰기를 달성하기까지 걸리는 기간은 사람마다 천차만별이다. 놀랍게도 집궁(기초 교육을 이수한 뒤 본격적으로 사대에 서는 것) 일주일 만에 초몰기를 달성한 이도 있고, 길게는 4~5년 만에 하는 이도 있다고 들었다. 그러나 주변의 사례만 놓고 봤을 때 통상 6개월~1년 안에는 하는 편인 것 같다.

나는 2년 만에 했으니 느린 편에 속한다. 4중 (5발 중 4발만 맞춘 것)은 참 많이 했다. 심지어 활터 등록 첫날, 사람들이 보는 앞에서 4중을 달성하면서 기대주로 주목받기도 했다. 사실 활을 다시 잡은 지 얼마 되지 않은 때라서, 예상치 못한 시수에 나 역시도 놀랐고 그때는 정말 내가 뭐라도 된 줄 알았다. 그런데 공교롭게도 그 후 한 번도 5중을 달성하지 못했다. 중간에 한 발씩 빠지거나, 마지막에 심장이 떨려서 화살을 엉뚱한 방향으로 날리곤 했다. '떠오르는 별' 소리에 우쭐했던 내 교만함에 하늘이 노했나 싶기도 했다.

그러니 그동안 얼마나 속앓이가 심했겠는가. 심지어 나보다 늦게 입문한 사람들이 하나둘 앞서가는 모습을 보면서 점점 초조해지기 시작했다. 가뜩이나 불같고 급한 성격에 견디기가 힘들었다. 결국에는 내 자신의 재주 없음에 한탄하며 심한 자책에 사로잡히기에 이르렀다.

어느 날이었다. 초몰기를 못한 스스로에 대해 한탄하자 사두님께서 이렇게 말씀하시는 게 아닌가.

"원래 더디게 가는 사람이 명궁이 되는 법이다."

그저 위로와 격려 차원에서 하신 말씀은 아니었다. 운 좋게 처음부터 좋은 성적을 내는 사람은 교만함에 사로잡혀 더 이상 발전하지 못하기 쉽고, 더딘 만큼 스스로의 자세에 대해 더 많이 고민하는 사람은 훗날 명궁이 되기 쉽다는 것이다.

그 말씀을 듣고서부터 욕심을 내려놓기 시작했다. 생각해 보니 초조함과 다급함이 오히려 나의 성장을 가로막고 있는 것 같았다. 남들과 비교하면서 맞추려는 욕심만 앞서니 화살도 귀신같이 그런 내 마음을 알고 엉뚱한 방향으로 날아가곤 했던 것이다.

욕심을 내려놓으니 어느 순간부터 마음이 편해지기 시작했다. 이후 나는 '우보만리(牛步萬里)' 네 글자를 활쏘기의 화두로 삼았다. 느리지만 우직하게 만 리를 가는 소처럼 끈기와 성실함으로 정진하면 마침내 노력이 빛을 볼 것이라는 믿음으로.

그렇게 마음에 여유가 생겼다. 아쉽게 한 발을 놓쳐 4중에 그칠 때에도, 대신 안타까워하는 사람들에게 "4중 했으니 조만간 5중도 하겠죠" 하며 짐짓 여유까지 부리게 됐다. 그러나 그것이 게으름을 의미하는 것은 아니었다. 활쏘기에 대한 고민과 공부는 더욱 치열하게 했다. 한결 차분해진 마음으로 스스로의 자세를 돌아보는 일에 집중하자 초몰기의 여신은 그때야 비로소 나를 찾아왔다.

'존버' 끝에 찾아온 초몰기는 내게 우보만리 네 글자의 무게를 알려주었다. 이는 나의 삶에도 그대로 적용되는 원칙이다. 얼마 전까지도 풀타임 사학과 대학원생이었던 나는 남들보다 뒤처지는 것 같다는 생각에 자주 초조한 마음이 들었다. 또래 친구나 후배들이 번듯한 직장에 자리 잡고 결혼하여 가정을 이룬 모습을 볼 때마다, "너는 대체 언제쯤 취직하는 거냐"라는 가족들의 한숨 섞인 질문을 받을 때마다 위축되곤 했던 것이다. 나는 대학원생 중에서도 가장 미래가 불투명한 '문과 대학원생' 아니었던가.

나라고 도전을 하지 않은 게 아니다. 학비와 생활비를 벌기 위해 열 군데가 넘는 기관에 이력서를 냈지만 번번이 '불합격'의 고배를 마셨다. 심지어 나만큼 이 기관에 잘 어울리는 사람도 없다 생각했을 만큼, 적성에 200% 부합하는 기관에서조차 나를 받아주지 않았다. 그럴 때마다 세상이 원망스러웠고 나보다 잘나가는 이들에게 질투를 느꼈다. 내 능력을 의심하면서 '공부를 관둬야 하나' 깊은 자괴감에 빠진 때도 있다.

그럴 때마다 나를 버티게 해준 것은 활쏘기였다. 활쏘기를 수련하는 과정에서 얻은 우보만리의 마음가짐은 낙방의 시련 앞에서 좌절하지 않고 다시 일어설 용기를 주었다. 비록 지금은 남들보다 뒤처지는 것 같아도 묵묵히 정진하다 보면 언젠가는 빛을 볼 수 있으리라는 믿음이 생긴 것이다. 활쏘기가 내게 알려준 고마운 가르침이다. 그리고 마침내 나는 내가 가장 원했던, 가장 가고 싶었던 기관에 당당히 합격하면서, 다시금 활쏘기가 준 가르침이 옳았음을 증명해 보일 수 있었다.

활쏘기에도 삶에도 관조가 필요해

홍콩무협영화 마니아였던 나는 10대 시절부터 중국 쿵후에 심취해 서른이 될 때까지 다양한 중국무술을 연마했다. 그중에서도 형의권(形意拳)이라는 권법을 꽤 오랜 시간 수련했다.

"항상 깨어 있어야 한다."

형의권을 가르쳐주는 사부님께서는 늘 이렇게 강조하셨다. 여기서 깨어 있으라는 것은 홀로 투로(동작)를 연습할 때나, 상대방과의 대련에 임했을 때나 '제대로 된 자세를 취하고 있는지', '상대방의 빈틈을 어떻게 파고들어 갈 것인지', '상대방의 공격에 어떻게 대응할 것인지' 등을 끊임없이 돌아보고 고민해야 한다는 뜻이었다. 이를 다른 말로 '관조'라고도 표현하셨다.

관조(觀照). 표준국어대사전에서는 이 단어에 대해 '고요한 마음으로 사물이나 현상을 관찰하거나 비추어 봄'이라고 설명하고 있다. 결국 관조라는 것은 나 자신을 차분하게 돌아볼 수 있는 태도를 의미한다. 그러기 위해서는 당연히 정신이 분명하게 깨어 있어야 하는 것이다.

문득 형의권 사부님의 가르침이 떠오른 것은 활쏘기야말로 특히 관조가 요구되는 운동이라 느꼈기 때문이다. 자세가 조금이라도 틀어지면 화살은 엉뚱한 방향으로 날아간다. 표(조준점)가 단 1cm만 옮겨져도 화살의 방향과 거리가 크게 달라진다.

더군다나 상대방과의 대련으로 승부를 겨루는 다른 무술들과는 달리 활쏘기는 철저하게 '나 자신과의 싸움'이다. 과녁은 항상 그 자리에 우뚝 서 있을 뿐이다. 결국 맞추고 못 맞추고는 내게 달린 문제인 것이다.

한동안 나는 속사(빠르게 쏘기)를 하는 버릇이 있었다. 활을 오래 들고 있어 봐야 팔만 아픈데 왜 굳이 질질 끄는지 의문이었다. 처음부터 제대로 겨냥해서 한 번에 맞추면 되는 것 아닌가. 그렇게 속사를 하다 보니 언제부턴가 내가 생각 없이 쏘고 있음을 깨달았다(어쩌면 그것이 오랜 시간 몰기를 하지 못한 원인이리라).

이러한 속사병을 고쳐나가기 시작한 것은 최근의 일이다. 활터의 어른들께 들쭉날쭉한 시수(관중 횟수)에 대해 고민을 토로하자 "생각 없이 쏘면 안 된다"는 말을 들었다. 아뿔싸. 사부님께서 늘 강조하시던 가르침을 까맣게 잊고 있었음을 깨달았다.

그 후로 활을 들어 당긴 뒤 바람은 어디로 불고 있는지, 나는 지금 어디를 겨냥하고 있는지, 줌손(활을 잡은 손)과 깍짓손(활시위를 당기는 손)은 정확하게 틀어쥐고 있는지, 화살은 얼마나 당겼는지 등등을 관조하다 보니 자연스레 활을 잡고 있는 시간이 점점 길어지기 시작했다. 어느 하나라도 소홀히 하면 어김없이 화살은 엉뚱한 방향으로 날아가 땅에 처박혔다.

물론 잘못된 습관을 고쳐나가는 게 생각처럼 쉽지는 않다. 조금 개선될라 치면 어느새 또 고질적인 속사병이 재발해 생각 없이 허공에 화살을 날리기 일쑤다. 그렇기에 늘 깨어 있어야 하는 것이다. 조금만 방심해도 자세는 금세 흐트러지기 때문에.

또 활을 당기고 있는 시간이 길어진다고 하여 그것이 곧 과녁에 명중하는 '관중'으로 이어진다는 보장은 없다. 나의 판단이 늘 옳은 것은 아니기 때문이다. 그러나 그 시간 동안 나는 나 자신을 돌아볼 수 있고, 이는 나아가 내 자세를 객관적으로 분석하는 데 크게 도움이 된다. 옳으면 옳은 대로, 그르면 그른 대로 내가 내린 판단은 그다음 화살을 위한 이정표가 되는 것이다.

무엇보다 활을 당기고 있는 3초 내지는 5초 정도의 시간은 짧은 '명상'의 시간이기도 하다. 그때만큼은 온갖 잡생각이 사라지고 오로지 내 자세와 호흡 그리고 과녁만이 보인다. 하루에 주어지는 24시간 중 나 자신에 온전히 집중할 수 있는 시간이 얼마나 되던가. 그래서 활을 쏘는 순간만큼은 잠시나마 일상의 근심을 잊고 스스로를 온전히 돌아보곤 한다.

쏘고 난 직후의 행동도 중요하다. 자세와 호흡을 천천히 가다듬으며 마무리하는 것이다. 이를 '잔신'이라고 하는데, 자세를 정리하며 맞히면 맞힌 대로 못 맞히면 못 맞힌 대로 스스로를 돌아보는 과정이다. 그래야만 다음 화살을 어디로 겨냥해 어떻게 쏠지 판단이 서기 때문이다. 활을 쏘는 활터마다 '반구저기' 넉 자가 새겨진 비석이 세워져 있는 까닭이다.

MBTI 검사를 하면 늘 내향적이고 생각이 많다는 INFP가 나오는 나지만, 동시에 욱하는 기질의 소유자인 탓에 순간의 감정에 휘둘려 일을 그르칠 때가 많다. 인간관계에 있어서도 마찬가지다. 결국 시간이 흐른 뒤 돌아오는 건 후회와 자책뿐이다. 그러나 활을 배우기 시작하면서 스스로를 먼저 돌아보는 시간이 많아졌다. 특히 관조를 요하는 활쏘기를 통해 어떤 상황에서든 나와 내가 처한 상황을 최대한 객관적으로 차분하게 돌아봐야 한다는 교훈을 얻었다. 물론 타고난 기질과 서른 해 넘도록 살면서 가꿔온 성격을 어떻게 하루아침에 바꿀 수 있겠는가. 이성적으로 판단해야 한다고 늘 다짐하지만, 여전히 머리와 가슴이 따로 놀 때가 많다.

그래서 오늘도 나는 활쏘기가 가르쳐준 관조의 자세를, 삶을 살아가는 태도에도 적용하기 위해 노력하고 있다. 그렇게 노력하다 보면 한 발 한발 점점 시수가 올라가는 활쏘기처럼, 나 역시도 하루하루 조금은 더 나은 사람이 될 수 있을 것이라 믿는다.

지금까지 어떻게 살아왔는지는 중요치 않다. 이미 날아가 버린 화살에는 미련을 두지 않고 다음 화살을 준비하는 것처럼, 지난 과거는 잊고 앞으로 더 나은 사람이 되고자 노력하면 되는 것 아닐까.

이소룡 어록에서 배운다

"아이고, 아까워라!"

주변에서 탄식이 쏟아졌다. '1급 심사'에서 한 발이 모자라 낙방한 것이다. (승단대회에 나가기 위해서는 1급을 획득해야 하는데, 45발 중 22발 이상을 맞혀야 합격이다.) 전통 각궁을 배우기 시작한 지 반년, 꿈에 그리던 초몰기도 달성했고 평균 시수도 제법 잘 나와서 자신감이 차오르던 때였기에, 결과가 더 아쉽게 느껴졌다. 그 후 몇 번 더 심사에 응시했지만, 번번이 낙방의 고배를 마셨다. 평소에는 잘 맞던 화살이 이상하게 심사 때만 되면 과녁을 슬슬 피해 가는 게 아닌가. 몇 번 떨어지고 나니 여유롭던 마음도 점점 초조해지고 날카로워져서 주변에서 살짝만 건드려도 터지기 일보 직전까지 갔다.

그렇게 점점 내 감정을 컨트롤하기 어려워질

무렵, 서가에 꽂혀있던 이소룡 어록집 『물이 되어라, 친구여』를 문득 발견했다. 이 책은 무술가이자 영화배우였던 이소룡의 어록을 아포리즘(격언) 형식으로 엮은 것이다. 별 생각 없이 펼쳤다가, 그 자리에서 선 채로 완독했다.

"나에게 패배란 일시적인 것일 뿐이다. 패배의 쓴잔은 내가 목표를 이루기 위해 더 노력하게 하는 자극이 된다. 패배는 단지 내가 하는 일이 뭔가 틀렸다는 점을 말해줄 뿐이다. 패배는 결국 성공과 진리로 나를 이끌어주는 길이다."

"목표를 향해 나아가는 것은 금고를 여는 것과 같다. 손잡이를 단 한 번 돌려서 금고를 열 수 없듯이, 조금씩 전진과 후퇴를 반복하며 목표를 향해 한 걸음씩 다가가는 것이다."

승급심사 낙방으로 예민해져 있던 상황에서 성공, 패배, 목표에 관한 이소룡의 충고는 적잖은 위로가 됐다.

이소룡은 대학에서 철학을 전공한 철학도이

기도 했다. 그는 끊임없는 육체적 단련과 정신적 사유를 통해 자아를 찾으려 했다. 자신에 대한 확고한 믿음과 삶의 의지가 있었기에 어떠한 난관에도 굴복하지 않은 채, 자신만의 길을 개척해 나갈 수 있었다. 그의 사유와 경험이 녹아 있는 어록들을 찬찬히 읽다 보니, 활쏘기에도 적용할 만한 구절들이 상당히 많다는 걸 느꼈다.

"마음이 유연해야 변화에 변화로 대처할 수 있다. 자신을 비워라! 마음을 열어라! 컵은 비어 있을 때 쓸모가 있다."

"내 잔의 물을 마시려면 먼저 너의 잔을 비워야 한다. 친구여, 고정 관념과 선입견을 모두 버리고 중용에 머물러라. 이 잔이 왜 쓸모가 있는지 아는가? 비어 있기 때문이다."

"물처럼 되어라. 물은 형태가 있으면서도 형태가 없다. 물은 지구상에서 가장 부드러운 물질이지만 가장 단단한 바위도 뚫는다. 물은 스스로는 모양이 없지만 무엇인가에 담기면 그 모양을 취한다.

컵에 담기면 컵 모양이 되고, 꽃병에 담기면 꽃병 모양이 된다. 꽃의 줄기를 따라 굽이굽이 흐르기도 하고, 찻주전자에 부으면 찻주전자가 된다. 물의 적응력을 관찰해 보라. (물에 젖은 행주를) 빠르게 쥐어짜면 빠르게 흐르고, 천천히 짜면 천천히 흐른다. 때로는 오르막길을 거꾸로 흐르는 것처럼 보이기도 하지만, 결국은 열린 길을 찾아 바다로 흐른다. 물은 때로는 빨리, 때로는 천천히 흐르지만 목적지는 언제나 변함이 없다."

이소룡은 특히 '물'과 관련된 어록을 많이 남겼다. 국내에서 출간된 어록집의 제목조차 『물이 되어라, 친구여』이다. 형체가 없이 부드러운 물처럼 우리의 삶 역시 부드럽고 유연해야 한다는 뜻이다.

실제로 나는 활을 쏘며 이소룡의 가르침을 실천한 적이 있다. 활을 배운 지 1년쯤 지났을 때의 일이다. 당시 꾸준한 습사로 시수는 잘 나오는 편이었지만, 어쩐지 자세가 영 마음에 들지 않았다. 활을 잡은 왼쪽 어깨가 심하게 들려 있는 것이었다. 당장은 문제가 없었다. 그러나 시간이 지날수록 근육에 무리가 올 것만 같았다. 잘 맞고 안 맞고를 떠나서 활은 편안한 자세에서 안정적으로 쏠 수 있어야 한다. 그래야 부상 없이 오래오래 활을 쏠 수 있기 때문이다.

이러한 고민을 들은 선배 접장님 한 분께서는 자세를 교정해 주며 활의 파운드(장력) 역시 과감하게 낮추라고 조언했다. 기존에 쓰던 활들은 50파운드 내외였는데, 33파운드 활을 권하는 것이었다. 33파운드 활은 장력이 약해 145m 너머의 과녁을 맞히는 게 쉽지 않다.

"아니, 근력 없는 어르신들도 이것보단 센 활을 쓰는데요?"

"그런 마인드면 문제를 개선할 수 없어요."

쏴보니 역시 과녁을 맞히기가 쉽지 않았다. 평소 표(조준점)보다 한참 높게 들어 쐈으나, 과녁 근처에도 미치지 못했다. 솔직히 자세가 조금 보기 안 좋아도 당장은 몸에 문제도 없고 시수도 잘 나오는데 원래 쏘던 대로 쏠까 아니면 과감하게 당장의 시수를 포기하고 자세를 고칠까. 활을 배우기 시작한 뒤로 마주한 일생일대의 딜레마였다.

그러나 '잔'을 비우지 않으면 채울 수 없다는

생각에, 선배 접장님의 조언을 전적으로 따르기로 했다. 기존에 쓰던 활은 봉인해 둔 채, 33파운드 활로만 습사를 이어나갔다. 처음엔 감을 잡지 못해 한 발도 맞히지 못하고 내려오는 날이 많았다. 꾸준한 수련 끝에 비로소 과녁을 연달아 맞힐 수 있는 수준에 이르렀지만, 예전보다 훨씬 편안한 자세로 교정됐음은 물론이다. "잔을 비우라", "물이 돼라"던 이소룡의 어록이 무의식중에 박혀 있었던 덕분에, 나는 과감하게 결정을 내릴 수 있었던 게 아닐까.

사실 『물이 되어라, 친구여』는 '이소룡 빠'였던 내가 출판사에 다니던 시절 야심차게 기획·출간한 책이었다. 이소룡을 통해 험난했던 고3 수험 생활을 극복했던 나의 경험을 근거로, 다른 이들도 이소룡을 통해 희망과 용기를 얻을 수 있으리라 믿었다. 이후 삶이 힘들 때마다, 종종 그의 어록을 펼쳐보며 용기와 지혜를 얻곤 했다. 이제 그는 활쏘기에 있어서도 나의 훌륭한 멘토가 되어주고 있다.

명궁과의 대화에서 깨우치다

"모로 가도 서울만 가면 된다."

과정이야 어떻든 결과가 중요하다는 말이다. 얼핏 보면 맞는 말 같기도 하다. 뭐가 됐든 일단 목표한 바만 이루면 성공 아닌가. 활쏘기로 치면 자세야 어떻든, 잘 맞히기만 하면 장땡이라는 말이다.

활을 배우면서 '잘 맞히는 것'보다 '올바른 자세로 쏘는 것'에 주안점을 두어야겠다고 다짐해왔다. 그러나 사람 마음이 참 간사하게도, 화살이 잘 안 맞으면 슬며시 조바심이 고개를 들기 시작한다. 그러다 보면 어쩔 수 없이 맞히는 데에만 연연하여 나의 자세보다는 145m 너머의 과녁에만 집중하기 일쑤였다.

언제부턴가 나의 궁체(자세)가 조금 이상해졌다는 지적을 받았다. 예전에도 활을 배우다 나의 자세에 문제가 있다는 것을 알고 한동안 자체 교

살짜쿵 활쏘기

정을 하느라 애를 먹었다. 3개월 가까이 평소에 쓰던 강한 활을 내려놓은 채, 이제 갓 입문한 초심자들이 쓰는 아주 약한 활을 들고서 자세 교정에만 집중했던 것이다.

그렇게 해서 간신히 자세를 고쳤건만, 시간이 흐르면서 어느새 또 나쁜 버릇이 든 모양이다. 그러나 이제 슬슬 시수가 오르기 시작하는 상황에서, 자세를 고친답시고 또 다시 과거의 그 지난했던 시절로 돌아가는 게 영 내키지 않았다. 한편으로 활쏘기에 본격적으로 입문한 지 벌써 5년 차가 된 시점에, 자세를 또 바꿔야 한다는 사실을 못내 받아들이기 어려웠다.

한참 내 자세에 대한 번뇌에 빠져 있던 중, 활터에서 5단 승단에 성공한 접장님과 대화를 할 일이 있었다. 대한궁도협회 규정에 따르면 5단이 되려면 45발을 쏴서 31발 이상을 맞혀야 한다. 5단 승단에 성공하면 심사를 거쳐 '명궁'의 호칭을 부여한다. 명궁이라는 말에서 알 수 있다시피 5단 정도 되면 어느 정도 경지에 올랐다는 뜻이다.

그런데 어엿한 명궁의 반열에 오른 그 접장님도 요즘 들어 자신의 자세를 다시 바꿔야 하나 진지하게 고민 중이라고 토로하는 것이 아닌가. 사대에 나란히 서게 되자 그분은 여러 가지 자세를 시험해 보면서 내게도 자세를 봐달라고 요청했다. 의아해진 내가 물었다.

"이제 명궁이신데 그냥 기존에 쏘던 대로 쏘면 되는 거 아닙니까. 괜히 자세 바꿔봐야 시수만 떨어지는 것 아닙니까?"

그러자 접장님의 대답은 "그렇게 생각하면 안 된다"는 것이었다. 지금 당장 잘 맞는다고 결과에 안주하면 안 된다는 얘기다. 나이가 들어서도 안정적으로 꾸준히 좋은 성적을 내기 위해서는 끊임없이 올바른 자세로 교정해 나가야 한다고. 그러면서 내게도 "김 접장은 아직 젊으니깐 나처럼 고생하지 말고 초장에 나쁜 버릇을 고치라"는 조언을 해주셨다.

사실 활터에서 주변 어른들이 자세에 대해 한마디씩 할 때마다 한 귀로 듣고 한 귀로 흘려보내기 일쑤였다. 때론 꼰대의 잔소리 정도로 치부하기도 했다. 지금 충분히 잘 쏘고 있는데 '왜 굳이?' 싶었다. 그러나 5단 명궁조차도 끊임없이 자신의 자세를 돌아보며 초심자의 마음으로 도전하는 것을 보자 뒤통수를 맞은 듯했다. 지금까지 다져왔던 명성과 실력을 내려놓고 다시 처음으로 돌아갈 수 있다는 그 용기가 놀랍고 멋있게 느껴졌다. 아직 1단도 따지 못한 내가 '활 잡은 지 벌써 3년이 다 됐는데 내 자세에 뭔 문제가 있겠어'라고 생각했던 것 자체가 아집이고 자만이고 허세였다. 쥐뿔도 없으면서 그렇게 생각했던 내 자신이 부끄러워 쥐구멍으로라도 숨고 싶을 지경이었다.

새삼 사대에 설 때마다 입버릇처럼 반복하던 "활 배웁니다"라는 말의 무게를 느낀다. 입으로는 늘 활을 배운다고 하지만, 기실 나는 으레 하는 인사치레 정도로만 치부해 왔지, 그 말의 깊은 의미를 어느새 망각하고 있었던 것이다.

이제부터는 그 말의 무게를 조금 무겁게 받아들여야겠다는 생각이 든다. 한편으로 결과보다 과정을 중시해야 하는, 늘 새롭게 배우는 마음으로 임해야 하는 활쏘기를 통해 요령과 요행만 바라며 모로 가도 서울만 가면 장땡이라 생각하면서 살아왔던 나태한 나의 습관을 고쳐 나가야겠다는 다짐도 해본다. 그래서 다시, 힘차게 외쳐본다.

"활 배웁니다!"

활터 생활이 가져다준 넉살

"네가 아싸였다고?"

대학원 사람들과의 회식 때였다. 내가 학부 시절 아싸(아웃사이더)였다고 하니 모두의 눈이 휘둥 그레졌다. 평소 실없는 소리도 잘해가면서 수업 분위기를 띄우기도 하고, 사람들과 술자리 갖는 것도 좋아하는 터라 그런 반응을 보일 만도 했다.

그러나 대학 시절 나는 사람들과 잘 어울리지 못했다. 지금도 MBTI 검사를 하면 INFP가 나온다. 과거엔 더 내성적이었던 데다, 스스로 옳다고 믿는 일에 있어서는 좀처럼 타협할 줄 모르는 성격인 탓에 나와는 생각이 다른 여러 사람들과 어울리는 일에 지금보다 더 서툴렀다.

예전엔 수업이 끝나면 삼삼오오 술 마시러 가는 동기들을 뒤로하고 곧바로 집에 가는 버스에 몸을 싣곤 했다. 그런 탓에 지금까지 연락을 주고

받는 대학 동기가 한 명도 없다는 게 조금은 서글 프기도 하다.

그랬던 내가 지금은 '인싸' 소리를 들을 정도 로 활발한 성격의 소유자가 된 건, 활쏘기 덕분이 아닐까 싶다. 활쏘기라는 취미를 공유하는 사람 들과 함께 시간을 보내며 여러 사람들과 어울리 는 법을 조금씩 터득해 나간 것이다.

국궁을 즐기는 방법은 많지만, 가장 일반적인 루트는 전국 곳곳에 설치된 사정(활터)에 등록하 여 회원으로 활동하는 것이다. 나 역시도 공항정 이라고 하는 활터에 몸을 담고 있다. 공항정은 회 원 수가 150명이 넘을 정도로 북적이는 곳이다. 좁은 공간에서 여러 사람들과 부대끼다 보니 자 연스레 성격도 적극적으로 변할 수밖에 없었다.

사람들과 어울리는 것이 처음부터 쉬웠던 건 아니다. 활터에 등록하는 것도 내겐 큰 용기를 필 요로 하는 일이었다. 낯선 환경에 노출되는 것에 대한 심리적 부담도 컸지만, 주변에서 들려오는 부정적인 이야기들 때문이었다. 활터의 분위기는 굉장히 수직적이고 엄격하기 때문에 젊은 사람들 은 적응하기 어렵다는 소문이 무성했다.

실제로 지역 불문하고 활터의 평균 연령대는 높은 편이다. 과거에는 젊은 사람들이 활 배우겠다고 찾아오면 "한창 공부하고 일할 사람이 왜 여기 오느냐"며 문전박대하는 경우도 종종 있었다고 한다. 그래서인지 지금도 활터에 가보면 나와 같은 2030 또래들은 드문 편이다.

나 역시도 처음에 그런 이야기들을 듣고서는 덜컥 겁부터 났다. 그러나 정말 활을 쏴보고 싶었기에 고민 끝에 용기를 내어 집 가까운 활터의 문을 두드렸다. 다행히도 활터에 대해 들었던 각종 부정적인 소문은, 적어도 내가 방문한 활터와는 거리가 먼 얘기들이었다. 오히려 젊은 사람이 전통문화에 관심 갖고 배우려는 모습이 가상하다며 어른들로부터 뜨거운 환영과 격려를 받았다. 그렇게 영업(?)을 당해버린 나는 바로 입회원서에 도장을 찍었다.

물론 처음에는 쭈뼛쭈뼛 눈치 보기에 바빴다. 아무리 편히 대해준다고 해도 어머니 아버지뻘, 할아버지뻘 되는 분들과 한 공간에 계속 있는 게 어렵고 부담스러울 수밖에 없었다. 그러나 한국 활터의 문화는 나이와 성별을 넘어 상호 존중

살짜쿵 활쏘기

의 예의를 중시한다. 아랫사람이라고 무시당하거나 하는 일도 거의 없었고, 오히려 젊은 사람들을 배려해 주려고 한다는 인상을 받았다. "젊은 사람들이 더 많이 쏠 수 있게 우리가 비켜줘야지"라고 하면서 자리를 양보하는 어른들 모습을 보며 뭉클한 적도 있다.

무엇보다 활터의 문화는 '함께'하는 것을 중시한다. 기본적으로 활을 쏠 때는 '동진동퇴(同進同退)'라 하여 활을 쏘는 자리인 사대에 다 함께 서는 것이 원칙이다. 물론 혼자 있을 때면 혼자 쏘기도 하지만, 여러 사람이 있을 때는 여럿이 짝을 맞춰 습사를 진행한다.

또 활터에서는 정기적으로 삭회(월례회)가 열리는데, 그때마다 모든 구성원이 모여 맛있는 음식도 나눠 먹고 편을 갈라 활을 쏘며 승부를 겨루는 '편사'를 즐긴다. 요즘은 쉬이 찾아보기 힘든 옛 공동체 문화를 함께 즐기면서, 나 역시도 어느 순간 활터의 일원으로 녹아들 수 있었다. 처음 들어왔을 때만 해도 쭈뼛쭈뼛 눈치 보기에만 급급하던 내가 지금은 아버지뻘 되는 활터의 어른들과도 스스럼없이 막걸리잔을 기울이게 됐다. 덕분에 넉살도 많이 늘었다.

활터 활동 외에도 대학 국궁동아리, 전통 활쏘기 모임 등 내가 참여했던 활쏘기 관련 모임만 세 개나 된다. 활쏘기를 통해 만난 친구들과 함께 전국 활터로 습사여행을 다니는 것은 내게 큰 즐거움이다. 과거 '만년 아싸'로 살면서 홀로 있는 시간들이 더 많았던 지난 세월을 생각하면 감회가 새롭다.

그럼에도 사람들과 어울리는 것은 여전히 상당한 에너지를 소모하는 '감정노동'을 요한다. 그러나 그러한 감정노동을 견뎌낼 수 있는 마음의 체력을, 나는 활쏘기를 통해 길렀다고 해도 과언이 아니다. 활쏘기는 그렇게 나의 성격을, 아니 삶을 바꿔놓았다.

나의 활병

활병. 궁사라면 반드시 한 번쯤은 만나게 되는 고약한 녀석이다. 말그대로 '활을 쏘면서 생긴 병(病)'을 뜻한다. 활병은 종류도 다양하다. 보통 잘못된 자세로 활을 쏘다가 습관으로 굳어질 경우 '활병이 왔다'고들 한다. 잘못된 자세로 쏘다 활병이 올 경우, 증상은 여러 형태로 발현된다. 나는 분명 활을 제대로 쏘는 것 같은데, 아무리 쐈도 화살이 중구난방으로 날아간다거나, 목과 어깨, 손목 등 관절 여기저기에 크고 작은 부상을 입어 활을 당기지도 못하게 된다거나. 전자의 경우 자세를 교정하면 금세 고쳐지는 문제이지만, 후자의 경우 정도에 따라 오랜 기간 휴궁(활쏘기를 쉬는 것)으로 이어질 수도 있다. 실제로 잘못된 자세로 무리하게 활을 쏘다가 관절에 무리가 와서 어느 날부터 활터에 올라오지 않는 사람들을 제법 많이 목격했다.

그런데 활병은 단순히 신체적인 문제에서만 비롯되는 건 아니다. '마음의 병'도 있다. 마음의 활병은 신체의 활병보다 회복이 어렵다. 신체적인 질병은 수술을 한다거나, 의사에게 약을 처방받아 복용하면 금세 회복할 수 있지만, 우울증과 같은 정신 질환은 뚜렷한 치료법이 없는 것과 비슷하다고나 할까.

그래서 국궁은 유독 마음 자세와 관련된 격언들이 많다. 궁도구계훈(弓道九戒訓)이란 것이 있다. '활 쏘는 사람이 지켜야 할 아홉 가지 덕목'이란 뜻이다. 여기에는 성실겸손(誠實謙遜), 자중절조(自重節操), 염직과감(廉直果敢), 정심정기(正心正己), 불원승자(不怨勝者) 등 유독 마음의 자세와 관련된 격언들이 많다. 그만큼 내 마음을 돌보지 못할 경우 활병이 나기 쉽기 때문이다.

내게도 바로 몇 가지 활병이 있다. 먼저 '조급한 마음'이다. 활터에만 오면 나는 마음이 급해진다. 짧은 시간에 최대한 많이 쏘고 싶어서, 잘 안 맞으면 답답해서 쫓기듯이 활을 쏘게 되는 것이다.

사실 활터라는 곳은 그 어떤 공간보다 많은

여유를 필요로 한다. 기본적으로 '동진동퇴(同進同退)'라 하여 여러 명이 어울려 함께 쏘고 또 함께 화살을 회수하러 이동해야 하기 때문에 사람 많은 주말에는 두 시간에 5순 내기도 힘들다. 그러다 보니 나같이 성격 급한 사람은 차례차례 기다리면서 활을 쏘는 과정이 그저 답답하기만 하다. 마냥 활터에 죽치고 앉아 있을 수 있는 신세가 아니라는 점을 감안하더라도, 남들에 비하면 유독 마음의 여유가 없는 듯하다.

조급한 마음이 왜 병이 되는 걸까. 마음에 여유가 없기에 내 자세를 제대로 돌아볼 수도 없게 되기 때문이다. 우리 국궁은 '반구저기(反求諸己)'를 중시하기 때문에 활을 쏴서 과녁에 맞히지 못하면 애먼 장비탓, 바람탓을 할 게 아니라 스스로의 자세에서 원인을 찾아 반성하고 고쳐나가야 한다. 한 발 한 발 쏠 때마다 내 자세를 돌아봐야 하는데, 이미 다른 사람이 쏠 때 나는 다음 화살 쏠 생각에만 골몰해 있는 것이다.

활쏘기를 통해 매사 침착하고 여유로운 태도를 배우고 싶었는데, 거꾸로 급한 성격이 오히려 활쏘기에 부정적 영향을 끼치는 것 같아 아쉬울 때가 많다. 활쏘기를 하며 스스로 돌아볼 수 있는 자세를 견지할 수만 있다면, 삶을 관조하는 여유도 절로 따라올 것 같다. 하지만 아직까지 나는 이를 극복하지 못했다.

두 번째 활병은 '남의 시선을 신경 쓰는 병'이다. 활이란 게 참 신기해서, 9단 명궁들도 불을 낼 때(한 발도 맞히지 못할 때 '불을 낸다'고 표현한다)가 많다. 그럼에도 다 같이 쏠 때 혼자서 시수가 안 나오면 괜히 자존심이 상하고 위축되기 십상이다. 사실 누가 뭐라고 하는 것도 아닌데 그냥 내 스스로가 민망해서 그런 거다. 그러다 보니 혹여 옆에 있던 누군가가 "오늘 왜 이리 못 쏴?"라고 별 생각 없이 내던진 한마디에 나도 모르게 신경질적으로 반응할 때도 있다. 남의 시선에 신경을 쓰고 있으니 화살이 제대로 날아갈 리도 없다.

활터의 명궁 한 분께 이런 고민을 토로하자, 그분은 "바로 그래서 남들하고 쏘는 게 중요하다"고 내게 충고했다. 당장은 어렵겠지만, 계속 그렇게 훈련하면서 남들 시선을 신경 쓰지 않는 법을 터득해 나가야 한다는 것이다. 하지만 마음 수양이 부족한 내게는 아직도 쉽지 않은 것 같다.

가만히 생각해 보면 지나치게 남의 시선을 신경 쓰는 버릇 역시 내 성격에서 비롯된 문제인 것 같다. 사실 사람은 누구나 태어날 때부터 남들과 경쟁한다. 공부든 운동이든 심지어 게임과 같은 취미 생활에 있어서도. 우리는 늘 남들과 비교하는(당하는) 삶을 살고 있다.

그런데 나의 경우 지나치게 남을 의식하는 것 같기도 하다. 자존심이 강한 터라 뭐든지 잘하고 싶고, 남들보다 칭찬받고 싶은 마음이 강하다 보니 자꾸만 남들과 비교하려는 것이다. 그리고 남들보다 조금 뒤처지면 자존심도 상하고 위축된다. 대학원에서 간단한 토론문 하나를 써 갈 때도, 남들보다 잘 쓰고 싶어서 밤새 고민하고, 수업시간에 질문을 하고 나면 내 질문이 다른 사람들 질문보다 세련된 것이었는지 계속 돌아보고 후회하고 자책한다. 이런 나의 강박증이 활을 쏘는 태도에도 고스란히 반영이 된 것이겠지.

활쏘기는 심신수련에 큰 도움이 된다고 한다. 확실히 활쏘기가 요구하는 마음 자세들을 다 갖출 수만 있다면 삶을 대하는 자세, 남을 대하는 태도도 한결 너그러워질 것만 같다.

그러나 내가 활을 쏴보니 알겠더라. 단순히 과 녁을 향해 활을 쏘는 행위를 반복한다고 나의 성 격이나 삶이 확 바뀌지는 않는다는 것을. 활쏘기 를 통해 내가 얻고자 하는 가치를 고민하고 그것 을 위해 실천할 때, 비로소 나는 어제보다 더 나은 내가 될 수 있다. 그렇게만 된다면 활쏘기는 나의 삶을 바꾸는 가장 강력한 무기가 될 수 있다. 어차 피 활쏘기는 평생 공부다. 그래서 나는 활쏘기를 통해 어제보다 더 나은 내가 되기 위해 노력하고 있다.

에필로그

활 배웁시다!

이 책은 2024년 1월부터 2025년 8월까지 오마이뉴스에 연재한 '활 배웁니다'라는 칼럼을 다듬고 보완한 것이다. 아직도 활쏘기가 어렵기만한, 승단조차 하지 못한 초보 궁사가 국궁 칼럼을 연재한다는 건 생각보다 큰 용기를 필요로 하는일이었다. 단수 높고 경력도 화려한 고수들이 보고서는 혹여 '쥐뿔도 모르는 게 나댄다'고 비웃지는 않을까 두려웠다. 그래서 몇 번이나 글을 썼다지웠다 하며 망설였던 것 같다.

그럼에도 결국 용기 내어 연재를 시작했고, 무려 1년 반 넘는 기간 동안 26회에 걸쳐 글을 실었다. 연재를 결심한 까닭은 하나였다. 우리의 전통 활쏘기, 국궁을 더 많은 사람들에게 알리고 싶어서.

그래서 전문적이고 딱딱한 이론 설명은 배제

하고, 오로지 활을 쏘며 개인적으로 느낀 감정과 경험에만 집중코자 했다. 그러면서 궁사들이라면 누구나 공감할 수 있는 이야기를 펼치고자 했다. 때론 활터에 대한 불편한 이야기들까지도 과감하게 풀었다. 우리 활쏘기와 활터에 대해 사람들이 오롯이 이해하고 우리 활쏘기에 관심을 가져줬으면 하는 바람 때문이었다. 왜 그렇게까지 우리 활쏘기를 알리고 싶냐고? 재밌으니까. 그리고 재밌는 건 함께 하면 더 즐거우니까!

물론 일종의 사명감도 있다. 활쏘기는 우리 민족의 소중한 전통유산이다. 나는 역사를 전공했고, 지금은 박물관에서 우리의 흐릿해지는 전통과 역사를 보존·계승하고 알리는 일을 하고 있다. 일종의 직업병인지도 모르겠으나, 우리의 소중한 전통인 활쏘기 문화가 좀 더 꽃피울 수 있었으면 하는 바람에 활쏘기를 알리는 데 진심을 다하고 있다.

서울의 대학 캠퍼스를 중심으로 국궁동아리들이 활성화되고, 활터에 젊은 궁사들의 가입이 늘어나고 있다지만, 국궁은 여전히 소수의 취미이다. 그러니 활터들은 찬밥신세다. 툭하면 민원과 개발 논리에 휘말려 여기저기 옮겨다니거나 이름만 남긴 채 역사 속으로 사라지는 경우도 많다. 이러다 머잖아 활터가 손에 꼽을 정도로 줄어드는 것은 아닐까 두렵기만 하다.

더 많은 사람들이 일상적 취미로 우리 활쏘기를 즐기는 날이 온다면, 더 이상 사극에서 엉터리 사법으로 활을 쏘는 일도, 활터가 쉬이 철거되는 일도 없어질 거라 믿는다. 한 발 더 나아가 우리의 전통 국궁이 양궁과 나란히 올림픽 종목으로 채택됐으면 하는 꿈도 품어본다. 그렇게만 된다면야 우리 조상들께서도 참 기뻐하실 것 같다. 그러니 우리 모두 "활 배웁시다!"

활쏘기는 내게 '처음'이라는 타이틀을 많이 안겨주었다. 학부 시절 아싸였던 나는 대학 동아리 활동 한 번 해보지 못했다. 그런 내가 박사과정으로 입학한 학교에서 서른 넘어 처음으로 국궁동아리 활동을 해봤다. 소속 활터(공항정)에서 난생처음 홍보이사라는 타이틀도 달아봤다.

무엇보다 '내 이름으로 된 단행본 출간'이라는 오랜 버킷리스트를 이루게 됐다. 20대 초반의 어느 날, 하굣길 지하철역에서 '언젠가 직접 쓴 책을 출간하고 싶다'는 꿈을 품었다. 그때만 하더라도 활쏘기에 대한 책을 출간할 거라곤 상상도 하지 못했다. 어쨌거나 활쏘기 덕분에 생애 첫 단행본까지 출간하게 됐으니, 활쏘기는 내게 있어 여러모로 '복덩어리'다.

활쏘기의 세계로 들어온 후, 정말 많은 분들과 인연을 맺었고 그들로부터 도움을 받았다. 서울 공항정 식구들, 앞나고 뒤나고 멤버들, 그리고 지방에 갈 때마다 신세를 졌던 천안 천안정, 통영 열무정, 통영 한산정 등 여러 활터의 사원들과 내 칼럼을 읽고 공감해준 전국의 국궁 동호인들께 이 지면을 빌려 진심으로 감사를 전하고 싶다. 또 선뜻 출간을 제안해주신 산지니 출판사에도 감사드린다. 앞으로도 더 많은 인연들과의 이궁회우(以弓會友)를 꿈꿔본다.

마지막으로 내게 활쏘기에 대한 로망을 심어주었던 고구려 동명성왕(주몽)과 태조고황제(이성계), 충무공 이순신 장군의 영전에 이 책을 삼가 바친다.

2025년 10월 16일
閑山 김경준

추천사

우리 공항정(空港亭)에는 근래 젊은 궁사(弓士)들이 대거 입문하였다. 그중에서도 『살짜쿵 활쏘기』의 저자인 김경준 군은 우리가 잊어서는 아니 될 독립운동가들의 애국애족 정신과 행적을 연구하는 젊은 역사학도이자 우리의 소중한 국가무형유산 활쏘기를 너무도 사랑하는 청년이다.

대부분의 활터가 '화살 잘 맞히는 요령' 찾기에 혈안이 되어 있다. 심지어 "활터에서는 잘 맞히는 사람이 최고"라는 입 밖에 내지 말아야 할 말까지 스스럼없이 하는 현실이다. 이는 민족 고유의 전승(傳承) 무예인 활쏘기의, 무형유산으로서의 가치를 퇴색하게 만드는 안타까운 행태라고 하지 않을 수 없다.

'잘 맞히는 활' 보다 '잘 쏘는 활'을 지향하는 작가는 자신이 누리는 활쏘기의 즐거움을 소개하고 전파하기에 앞서 우리 활이 만들어지는 과정과 화살의 종류 소개 등 활 쏘는 사람이 갖추어야 할 장비에 대한 기본적인 지식의 소개와 활터에서의 예절을 작가 자신의 행적과 함께 자연스럽게 소개하고 있다.

더군다나 역사가 깃들어 있는 활터를 답사하여 습사(習射)하고 선열들의 애국애족 정신을 되새김은 물론 그것을 기록하여 언론에 기고하는 등 활쏘기 전도사 역할을 톡톡히 하고 있다.

특히 인접국인 일본의 궁도장을 방문, 체험하고 우리 활쏘기(국궁)와 일본의 궁도(弓道) 그리고 양궁의 차이점을 논하기도 하는 등 젊은 학자다운 용기와 비교학적 관점에서의 연구와 노력을 엿볼 수 있다.

끝으로 작가는 우리 활쏘기(국궁)가 정책적·재정적으로 홀대받는 현실을 안타까워하면서 가칭 '궁도진흥법'의 입법 발의 과정에서 불거진 단체들 사이의 이권(利權)이 결부된 사안이기도 한 용어 사용에 대한 의견 제시는 물론, 활터마다의 공통적인 병폐라 할 수 있는 구사(舊射)들의 언행을 지적하고 있는데, 이는 활 쏘는 사람들로 하여

살짜쿵 활쏘기

금 스스로를 돌아보게끔 일침을 가한 것이기도 하다.

애국애족하신 선열들의 발자취에 대한 작가의 끊임없는 역사적 연구와 끊임없이 고민하며 수련하고 있는 작가의 활쏘기를 모두 응원한다. 장차 훌륭한 역사학자이자 전통문화의 계승자로서 우리의 역사를 널리 알리고 우리의 소중한 전통 활쏘기를 발양광대(發揚光大)하는 데 톡톡히 역할을 다해주기를 바란다. 『살짜쿵 활쏘기』는 바로 그 효시가 되는 작품으로 기록될 것이라 믿어 의심치 않는다.

끝으로 활쏘기를 아끼고 사랑하는 작가의 마음이 온 누리에 들불처럼 번져서 국민 모두가 함께 즐기는 생활스포츠로서 또 국가문화유산으로서 활쏘기가 오래도록 전승되고 발전되기를 바란다.

2025.11.

서울강서구궁도협회장 공항정 사두 윤서현